Kleine Fluchten

Die schönsten Unterkünfte für ein Wochenende im Umland von Berlin

Berliner Morgenpost

Liebe Leserinnen und Leser,

seit drei Jahren stellen wir im Reiseteil der Berliner Morgenpost regelmäßig Ausflugsziele für ein Wochenende vor. Mittlerweile gibt es mehr als 80 Folgen dieser „Kleinen Fluchten".

Immer wieder erhielten wir Anfragen, ob wir diese Empfehlungen nicht einmal als Buch veröffentlichen würden. Nun ist es so weit: Wir haben für Sie die 50 schönsten Ziele ausgewählt und in diesem Band zusammengestellt. Von Usedom bis zum Vogtland, von der Lüneburger Heide bis nach Polen reicht das Angebot.

Wir wünschen Ihnen viel Spaß mit diesem Buch – und eine gute Reise.

Ihr
Carsten Erdmann
Chefredakteur der Berliner Morgenpost

Alle Hotels auf einen Blick

Brandenburg

Mecklenburg-Vorpommern

Ein Versteck für Gestresste

Auf alten Landkarten der DDR gab es viele weiße Flecken. Meist verbargen sich dahinter Sperrgebiete, die nur wenige Eingeweihte betreten durften, geheim gehalten hinter streng bewachten Zäunen.

Auch in Alt Madlitz gab es einen solchen weißen Fleck. Er lag mitten im Wald, gleich hinter dem kleinen Ort Briesen, nur etwa 60 Kilometer östlich der Berliner Stadtgrenze. Noch heute behaupten einige Navigationssysteme auf der Fahrt dorthin standhaft, dass die eingegebenen Koordinaten nicht existierten. Dass eben jene Straße nicht befestigt sei. Dass man noch immer auf verbotenen Wegen ins Niemandsland fahre. Und so begleitet einen auf den letzten Metern zum Gut Klostermühle ständig der penetrante Befehl „Bitte wenden!"

Höchste Geheimhaltungsstufe

Nur wer sich nicht beirren lässt und den Schildern folgt, steht dann ganz plötzlich am Madlitzer See. Es hat natürlich schon etwas von Ironie der Geschichte, dass der Besucher 20 Jahre nach dem Mauerfall das einstige Gelände von höchster Geheimhaltungsstufe nur dann findet, wenn er sich den Befehlen verweigert, wenn auch nur denen eines Navigationssystems. Früher erholten sich auf dem 18 Hektar großen Gelände am Madlitzer See gesinnungstreue Offiziere und SED-Gäste vom Kalten Krieg, wo sich heute ein „Natur

Resort & Medical Spa“, eine Reithalle, ein Theater sowie Ferienwohnungen und -häuser befinden.

Entstanden ist dabei Gut Klostermühle, das im August 2010 in den Zusammenschluss „Small Luxury Hotels of the World“ aufgenommen wurde. Eine Zuflucht für Gestresste. Jedes der 80 Zimmer, davon 23 Suiten, wurde individuell eingerichtet. Mal steht dort ein antiker Kleiderständer vom Flohmarkt oder da ein alter Sekretär aus Italien. Es gibt viel unbehandeltes Holz aus einheimischen Wäldern und dann wieder seltene Vorhangstoffe aus Frankreich. Man findet kein kühles Design, kaum Edelstahl, dafür Gemütlichkeit und von fast jedem Zimmer einen freien Blick auf den See. Es hat ein bisschen was von Baumhaus-Feeling in der Luxusvariante. Ein Ort, an dem man wieder den Zauber des Sees spüren und durchatmen kann. Ein Ort, der die Geschichte abstreift, ohne sie zu verleugnen.

Spezielle Burn out-Programme

Und es lag beinahe schon auf der Hand, sich auf Burn out-Programme zu spezialisieren. Wer dem Hamsterrad mit Meetings, Geschäftsreisen und Überstundenpensum entkommen will, kann sich hier selbst eine Kur verschreiben. Sie dauert mehrere Tage und besteht aus reinigenden Ayurveda-Anwendungen, einem Sportplan mit Yoga oder Wandern und Ernährungsberatung. Bei den mehr als 50 Angeboten des „Brune Balance"-Spa geht es tatsächlich mehr um die gesundheitliche

Prävention als bloß um das kosmetische Verwöhnen. Natürlich gibt es eine große Sauna- und Poolanlage sowie die klassischen Schönheitsanwendungen. Doch im Gut Klostermühle soll die Entspannung tiefer gehen.

Ayurveda und Jakobsweg

Deshalb kümmern sich auch 13 Therapeuten, darunter Ayurveda-Spezialisten, um die Gäste. Es ist der liebevolle Umgang mit sich selbst, der in Gut Klostermühle wieder erlernt werden soll. Und wer noch tiefer gehen will, der wandert ein Stück über den Jakobsweg, dessen Teilstück mitten durch das Gelände führt.

Das Besondere an diesem Hotel aber ist, dass das Gelände trotz seiner Abgeschiedenheit und der vielen Rückzugsorte für seine Gäste nicht schon wieder ein Hochsicherheitstrakt werden sollte. Der Düsseldorfer Architekt Walter Brune ließ deshalb eigens ein Theater-Forum errichten. Knapp 300 Personen passen in den Saal. Mal tritt das Berliner Theater im Palais auf, dann wieder gibt es ein Gospel-Konzert oder die Aufführung eines Staatsballetts. Und das alles in Alt Madlitz. Es gibt sogar Gäste aus Japan, die regelmäßig vorbeischauen, um ihre Stars zu sehen. Und so sorgt Gut Klostermühle dafür, dass der weiße Fleck von einst wieder frische Farbe bekommen hat. Und der Gast, der hier blass und erschöpft ankam, ebenfalls.

Katja Mitic

Anfahrt

A12 Richtung Frankfurt (Oder) bis Briesen (Mark), dann der Ausschilderung folgen. Mit der Regionalbahn bis Briesen (Mark), das Hotel organisiert bei Bedarf einen Transfer.

Auskunft

Tourismusverband
Seenland Oder-Spree
Bad Saarow
Tel. 033631/86 81 00
www.seenland-os.de

Unterkunft

Gut Klostermühle ●
Mühlenstraße 11
15518 Madlitz-Wilmersdorf OT Alt Madlitz
Tel. 033607/592 90
www.gut-klostermuehle.com
DZ ab 156 Euro

Schlossgut Alt Madlitz
Madlitz-Wilmersdorf
Lindenstraße 19
15518 Madlitz-Wilmersdorf
Tel. 033607/219
www.schlossgutaltmadlitz.de
DZ/F ab 91 Euro

Besichtigen

Gedenkstätte Seelower Höhen
Küstriner Straße 28 a
15306 Seelow
Tel. 03346/597
www.gedenkstaette-seelower-hoehen.de
April bis Oktober: Di–So 10–17 Uhr
November bis März: Di–So 10–16 Uhr
oder nach Vereinbarung

Schloss Neuhardenberg
Schinkelplatz
15320 Neuhardenberg
Tel. 033476/60 07 50
www.schlossneuhardenberg.de

Stadt Storkow
Rudolf-Breitscheid-Straße 74
15859 Storkow (Mark)
Tel. 033678/683
www.storkow-stadt.de
Mo–So 10–17 Uhr

GUTSHOF GLIEN

Gutsherr für ein paar Tage

Hinter den wuchtigen Mauern des Torhauses herrscht reger Betrieb. Ausflügler schlendern da über den Hof von Burg Eisenhardt. Steigen auf den 24 Meter hohen Bergfried, der sie für ihre Mühen mit besten Aussichten belohnt. Tauchen inmitten von Gewölben, Türmen und Verliesen in die Vergangenheit des mittelalterlichen Festungsbaus, der den Sturm der Zeiten nicht ohne Blessuren überstanden hat. Wer kann, sichert sich einen Platz an einem der Tische vor dem ehemaligen Salzmagazin, das heute Gästezimmer samt Restaurant unter seinem Dach versammelt. Emsige Kellner pendeln zwischen Küche und Terrasse und servieren

hausgemachte Schlosssülze. Oder eine deftige Brotzeit für den Wanderer. Der kann sicher eine Stärkung gebrauchen, wenn er sich etwa auf dem 153 Kilometer langen Burgenwanderweg die zart gewellte Landschaft des Naturparks Hoher Fläming mit dem Burgenquartett Eisenhardt, Rabenstein, Wiesenburg und Ziesar in Teilen oder gar in Gänze erläuft.

Verwinkelte Gassen, reizvolle Hausfassaden

Die Terrasse der Burg Eisenhardt schaut indes unbeeindruckt von den sportiven Leistungen ihrer Gäste auf die Dächer des brandenburgischen Kurorts Belzig und animiert zu einem Spaziergang durch die gut 1000 Jahre alte Ackerbürgerstadt von einst. Ruhige Straßen und verwinkelte Gassen führen dort durch einen sehenswerten Altstadtkern, passieren das Rathaus mit seinem hübschen Ziergiebel und die eindrucksvolle Stadtkirche St. Marien, lenken Blicke auf zahlreiche reizvolle Hausfassaden.

Belzig im Rücken macht sich die Deutsche Alleenstraße auf nach Klein Glien, streift durch Felder, Weiden, Wald und erreicht bald das 80-Seelen-Dorf. Am Ortseingang erheben sich die herausgeputzten Gebäudeteile des Gutshofes Glien vor der Kulisse einer Parkanlage. Allein schon die Dekoration aus Laternen, Pflanzenkübeln und Töpfen voller Kräuter, die die Hausherrin vor der Tür liebevoll arrangiert hat, vermag den Besucher in das Gutshaus zu locken. Innen empfängt die Lobby mit üppigem Interieur, das sich geschmackvoll um die Ruhezone eines kuscheligen Sofas gruppiert. Hier begrüßen Jacqueline Gramm und ihr Mann Harald Thieme ihre Gäste. Und von hier öffnen sich die Türen in die offiziellen Räumlichkeiten des Hotels: den Rittersaal, den Gelben Salon, in dem sich die feine Gesellschaft früher

Punkt acht zum Speisen niederließ, das schummrige Kaminzimmer und die urige Weinstube.

Die heutigen Gutsherren haben als Erstes die Farbeimer geöffnet, als sie den detailgetreu renovierten Gutshof vor vier Jahren übernahmen und in ihrem Sinne ausstaffierten. Orange, gelb, rot, grün, lila, beige erstrahlen die schönen Räume, die unterstützt von knarrendem Parkett und viel Kerzenlicht ein heimeliges Ambiente bieten. Genächtigt wird in 15 Zimmern und drei Suiten, die sich, zwischen 20 und 45 Quadratmeter groß, auf die obere Etage des Gutshauses und das frühere Wirtschaftsgebäude verteilen. Auch in den individuell gestalteten Gästequartieren – wo mal bayerisch, mal indisch-asiatisch inmitten echter Antiquitäten logiert wird – finden alte Bausubstanz und moderne Verspieltheit zueinander.

Doch noch lange bevor man sein Haupt zur Ruhe bettet, ruft der Garten ins Freie. Vogelgezwitscher liegt über den Rasenflächen, denen Baumkronen Schatten spenden, über dem geometrischen Spiel des Kräutergartens, dem Tische und Stühle zum Draußensitzen Gesellschaft leisten. Salbei und Rosmarin wachsen in den Beeten, die mit anderen Zutaten Einzug in die zeitgemäße Regionalküche des Hauses halten – auf die man sich abends an einer edlen Tafel bei einer Variation von der Fläming-Forelle oder Brandenburger Landente freuen darf.

Zeitgemäße Regionalküche

Hinter dem Garten führt eine Straße zum Hagelberg hoch, wo 1813 Preußen und Russen gemeinsam gegen Napoleons Armee in die Schlacht zogen. Ein Fußmarsch durch Feld und Flur, und schon steht man auf Brandenburgs angeblich höchstem Berg, bei dessen Höhenangabe jedoch ein kleines bisschen geflunkert wurde. 201 Meter soll er sein. Das verkündet jedenfalls das Gipfelkreuz, an dem ein altersschwacher Briefkasten mit Gipfelbuch baumelt. „Bitte eintragen!“, fordert Letzteres, doch ohne das erforderliche Schreibgerät gleich mitzuliefern. Da bleibt nur noch, die grandiose Sicht auf die grünen Weiten des Hohen Fläming zu genießen, während einem der Wind um die Ohren pfeift.

Sabine Mattern

GUTSHOF GLIEN

Anreise

A 9 bis Niemegk, B 102/ B 246 bis Klein Glien.
Per Bahn bis Belzig. Von dort Abholung.

Unterkunft

Gutshof Glien •
Klein Glien 25
14806 Hagelberg/Bad Belzig
Tel. 033841/38 83
www.gut-glien.de
DZ/F 79 Euro

Besichtigen

Museum Burg Eisenhardt
Wittenberger Straße 14, 14806 Belzig
Tel. 033841/424 61
Mi – Fr 13 – 17 Uhr, Sa und So 10 – 17 Uhr

Burg Rabenstein
Zur Burg 49, 14823 Rabenstein/Fläming
Tel. 033848/602 21, www.burgrabenstein.de

Schlosspark Wiesenburg
Schlossstraße 1, 14827 Wiesenburg/Mark
Tel. 033849/79 80
www.schlosspark-wiesenburg.de

Burg Ziesar
Mühlentor 15 a, 14793 Ziesar
Tel. 033830/127 35
www.burg-ziesar.de
Mai bis September: Di – So 10 – 18 Uhr
Oktober bis April: 10 – 16 Uhr

Auskunft

Tourist-Information Belzig
Marktplatz 1
Tel. 033841/387 99 10
www.belzig.com

HOTEL DÖLLNSEE-SCHORFHEIDE

Wo Wald und Wasser sich innig umarmen

Die Sommergäste sind gegangen. Nur das Badehäuschen verharrt noch am Ufer des Großen Döllnsees, der sich zwischen den verwunschenen Wäldern der Schorfheide duckt. Schicksalsergeben blickt es auf das glitzernde Wintergrau des Wassers. Hält stumme Zwiesprache mit einer Schar Enten, die die hölzerne Badeinsel in der Seemitte besetzt. Lässt sich vom hypnotischen Rascheln der fahlen Schilfgräser in seiner Einsamkeit trösten. Hinter der reetgedeckten Kate verliert sich die Landschaft in einem

Park, dessen Eichen, Buchen, Birken den Blick durch lichte Kronen lenken – auf die geschichtsträchtigen Mauern des Hotels Döllnsee-Schorfheide.

In die 30er-Jahre fällt die Geburtsstunde des Herrenhauses im Tudorstil, das Reichsminister Hermann Göring nur 60 Kilometer nördlich von Berlin für seinen Leibjäger bauen ließ. Nach dem Krieg war es unter anderem Gäste- und Ferienhaus für die Politprominenz der DDR, bis es 1994, saniert und erweitert, seinen Dienst als Hotel antrat. Gewohnt wird heute, umsorgt von landhaustypischer Gemütlichkeit, in Haupthaus und Dependance – in 99 komfortablen Zimmern und Suiten der Viersterne- sowie 27 Zimmern der Dreisternekategorie. Eingebettet in das verheißungsvolle Miteinander von Wald und Wasser, fängt das Hotel Döllnsee die erholsame Ruhe der Natur ein und gibt sie an den Gast weiter. Besonders in der dunklen Jahreszeit, wenn die Welt der Schorfheide verlassen scheint. Wo einem diese wundersame Landschaft im Nordosten Brandenburgs bei Spaziergang oder Kutschfahrt ihre Geheimnisse zuflüstert. Und was die Natur letztlich nicht vermag, erledigen die guten Geister des Hotels: mit ihrer ausgezeichneten Küche, die mit fantasievollen Fisch- und Wildkreationen auf die kulinarischen Gaben der Region zurückgreift. Oder im eleganten Beauty- und Wellnessbereich: bei pflegender Kosmetik, duftenden Bädern, sanften Peelings oder verwöhnenden Massagen. Und zwar am besten ganz allein zu zweit bei einem Wohlfühlritual im Wellnessseparee.

Rings um das Hotel breitet das etwa 130 000 Hektar große Biosphärenreservat Schorfheide-Chorin seine Schätze aus: eine sparsam bevölkerte Kulturlandschaft mit viel Wald, Wiesen und Feldern, mit unzähligen Mooren und mehr als 200 Seen. An einem dieser romantischen Wasser erheben sich die stattlichen Reste des Zisterzienserklosters von Chorin über die uckermärkischen Hügel. Ein bemerkenswertes Stück Backsteingotik aus dem 13. Jahrhundert. Und – im Hinblick auf den Westgiebel

der Klosterkirche – längst nicht so archaisch, wie die Ordensregel es verlangte. Besonders jenseits der Saison trifft man hier auf einen Ort, der, obgleich schon lange ohne mönchisches Leben, die Seele berührt.

Ob Chorin oder Niederfinow, wo mit dem Schiffshebewerk eine technische Attraktion zu bestaunen ist – Ausflugspotenzial jedweder Couleur bietet die Region reichlich. Wobei es oft die Natur ist, die da ins Rampenlicht tritt. Gutes Beispiel: der Wildpark Schorfheide bei Groß Schönebeck. Heimische Arten, darunter Rot- und Damwild, aber auch Wisent und Elch, die in freier Wildbahn nicht mehr anzutreffen sind, leben in riesigen Freigehegen in dem 100 Hektar großen Park. Ein ausgedehntes Wegenetz erschließt dem Besucher das Gelände und bietet ihm viel Raum für Tierbeobachtungen. Außerhalb der Anlage braucht es etwas Glück, die heimische Fauna, etwa Seeadler, Fischotter oder Rotbauchunke, in ihrem natürlichen Element zu erleben. Doch fündig werden kann man überall in der wald- und wasserreichen Region. Auch am Werbellin, für den schon Theodor Fontane schwärmte. Welcher Zauber von dem 13 Kilometer langen See ausgeht! Ob man seinen Ufern für eine Weile auf einem Wanderpfad folgt, unter den Füßen goldenes Laub, oder sich in Altenhof in der Alten Fischerei zu kulinarischen Tafelfreuden einfindet: dicht über dem Wasser, getragen von Pfählen, in der Nähe ein paar Möwen, die über winterleere Stege wachen.

Sabine Mattern

HOTEL DÖLLNSEE-SCHORFHEIDE

Unterkunft

Hotel Döllnsee-Schorfheide ●
Döllnkrug 2
17268 Templin OT Groß Dölln
Tel. 039882/630
www.doellnsee.de
DZ ab 98 Euro

Besichtigen

Kloster Chorin
Amt Chorin 11, 16230 Chorin
Tel. 033366/703 77
www.kloster-chorin.com
April bis Oktober: 9–18 Uhr
November bis März: 9–16 Uhr

Schiffshebewerk Niederfinow
Hebewerkstraße, 16248 Niederfinow
Tel. 033362/204
www.schiffshebewerk-niederfinow.info

Auskunft

Touristinformation im Jagdschloss Groß Schönebeck
Tel. 033393/657 77
www.gemeinde-schorfheide.barnim.de

Anreise

Auf der L 100 Richtung Prenzlau bis 10 Kilometer hinter Groß Schönebeck, dann rechts abbiegen zum Hotel. Mit der Bahn über Karow bis Groß Schönebeck oder über Oranienburg bis Templin. Von den Bahnhöfen gibt es zwei Transfermöglichkeiten zum Hotel (Bus: Tel. 039886/341 77, Taxi: www.taxi-wein-zimmer.de)

HOTEL ESPLANADE RESORT & SPA

Frühlingsgefühle am Scharmützelsee

Aus dem Autoradio der ukrainischen Taxifahrerin dröhnt „Haus am See“ von Peter Fox, während weiches Abendlicht durch die Bäume fällt und der kleine Petersdorfer See bereits Appetit macht auf das Ziel unserer Fahrt von Fürstenwalde nach Bad Saarow – den Scharmützelsee, das Lieblings-Ausflugsziel für Berliner. Einst auf jeden Fall, als Saarow 1923 den Ehrentitel „Bad“ verliehen bekam, nachdem 1912 nach der Entdeckung heilkräftiger Moore das erste Sanatorium und eine

Seebadeanstalt eröffnet hatten. Und heute? Na, aber hallo! „Sie sind heute schon der Fünfte, den ich ins Esplanade fahre, ist da denn was Besonderes?“, fragt Frau Kleemann, die Taxifahrerin mit dem unukrainischen Namen. Was Besonderes?

Amselflöten in Ahornbäumen

Na ja, das Esplanade Resort & Spa ist neben dem A-Rosa Scharmützelsee zumindest das erste Haus am See, und wer hierherkommt, will eben das, was alle Berliner wollen: Ruhe in der Natur und einen schönen Blick auf den See genießen; ein bisschen auf der Seestraße entlang hübscher Villen spazieren gehen und dabei dem Gezwitscher der Stare und Amseln in den Linden- und Ahornbäumen lauschen; danach ein

DEPENDANCE
RESTAURANT & CAFÉ

wenig Bötchen fahren bis hinunter nach Wendisch Rietz am Südufer, wo am Großen Werl, einer kleinen Insel vor dem Dorf Saarow, ein Schwarm Blessrallen seine schwarzen Köpfe aus dem Wasser streckt. Um anschließend im Wellness-Bereich des Esplanade in der Oktogon-Sauna einen kernigen „Banja"-Aufguss mit Birkenzweigklopfen, Eisabrieb und Glas Wodka über sich ergehen oder etwas liebevoller sich kleine Leinensäckchen mit märkischem Sand auf die Energiepunkte setzen zu lassen.

Dafür kommt man an den Scharmützelsee, weil die Auszeit vom Alltag so naheliegend und die Großstadt gefühlt viel weiter weg ist als die lächerliche Bahnstunde, die man vom Berliner Hauptbahnhof nach Fürstenwalde zurücklegt. Weil ja früher schon die ganze Berliner Prominenz gekommen ist, wie Max Schmeling, der zwischen 1930 und 1938 so viele Spuren in Bad Saarow hinterlassen hat, dass es heute sogar einen fünf Kilometer langen „Schmeling-Rundweg" gibt.

Berliner Spuren allüberall

Denn das ist ja das Schöne am Scharmützelsee. Der Hauptstädter ist hier im Kurzurlaub und muss doch nicht auf das verzichten, was er am meisten liebt. Nämlich? Genau! Berlin. Berliner Spuren, wohin man schaut! Wer kaufte 1905 die zu den Rittergütern Saarow und Pieskow gehörenden Wälder, um darin Sommerresidenzen für Regierungsbeamte und Industrielle aus der nahen Reichshauptstadt zu bauen? Die Berliner Landesbank, genauer der Bankier Hermann Paschke, an den heute ein unauffälliger Gedenkstein am Ostufer erinnert.

Und wer war einer der Architekten der daraufhin jährlich acht bis zehn entstehenden Villen in der Saarow-Pieskow Landhaussiedlung AG?

Richtig! Ludwig Lesser, der Gestalter der Gartenstadt Frohnau, an den noch heute in Bad Saarow, dem Nachfolger jener Landhaussiedlung, die Ludwig-Lesser-Promenade erinnert. Und so lässt man sich hier entspannt treiben entlang der Spuren von Geschichte, in der sich Berliner Lokalkolorit und ein Hauch von Weltläufigkeit umarmen: hier der Fontanepark am Nordwestufer, dort eine Maxim-Gorki-Büste am Ostufer vor jenem Sanatorium, in dem der russische Dichter 1922/23 weilte.

Und während sich ein Krähenschwarm aus dem Schilf am Nordufer erhebt, lässt man den Tag genussvoll ausklingen im zum Esplanade-Hotel gehörenden Restaurant Dependance. Dieses ist das einzig erhaltene Gebäude des 1908 gebauten und im April 1945 beim Einmarsch der Roten Armee zerstörten Esplanade-Kurhaus-Ensembles. Und auch hier bei Tisch erleben wir ein letztes Mal diese Scharmützelsee-typische Mischung aus Regionalität und weiter Welt: Hier ein Ruppiner Elblammrücken an Poweraden-Saubohnenragout und Selleriecreme, dort ein Scampi-Jakobsmuschel-Spieß aus dem Buchenrauch mit Kartoffelcreme und Fenchel-Limonensalat. Und es sei gesagt: Beides ist köstlich.

Eberhard von Elterlein

HOTEL ESPLANADE RESORT & SPA

Auskunft

Tourismusverein Scharmützelsee
Wendisch Rietz
Tel. 033679/648 40
www.scharmuetzelsee.de

Unterkunft

Hotel Esplanade Resort & Spa
Seestraße 49, 15526 Bad Saarow
Tel. 033631/43 20
www.esplanade-resort.de
DZ/F ab 138 Euro

Besichtigen

Maxim Gorki Haus
Ulmenstraße 9
15526 Bad Saarow
Tel. 033631/43 39 20
www.gorki-haus.de

Anreise

A10 und A12 bis Fürstenwalde, L35 bis Bad Saarow. Mit der Bahn über Fürstenwalde.

HOTEL

Ausgeschlafen am Großen Zechliner See

Ein stiller Winkel, in dem die Natur allein das Zepter schwingt. Ein Seelenort, dem das „Bäumchen, wechsle dich“ aus Wald und Wasser willkommene Gesellschaft leistet. Ob so das Paradies aussieht? Vielleicht hat sich genau das auch die Familie Gutenmorgen gefragt, als sie sich nach dem Mauerfall im Norden Brandenburgs niederließ und, erst als Pächter, dann als Eigentümer, ein ehemaliges Betriebsferienheim des Wälzlagerwerks Leipzig in Dorf Zechlin unter ihre gastronomische Verantwortung nahm.

Viel Stammkundschaft

Und so wurde in 20 Jahren aus einem Objekt im DDR-Stil eine mehrfach prämierte Dreisterneadresse mit 62 Gästezimmern und mehreren Restauranträumen am Rande des Naturparks Stechlin-Ruppiner Land. „Wir wollen nicht das größte Hotel sein, sondern das beliebteste“ – ein Ziel, welches das Mutter-Tochter-Duo Birgit und Lysann, das heute das Familienunternehmen führt, mit Herz und reichlich Einsatz verfolgt. Unterstützt vom Zauber der Landschaft, wofür in beiden Fällen die Stammkundschaft bestens dankt.

Ein Kieferwald, intensiv duftend und erfüllt von unsichtbaren Vogelstimmen, begrenzt eine Seite des gutenmorgenschen Anwesens, wo sich um einen bunten Wiesenteppich die Gästebereiche auf zwei lang gestreckte Gebäude verteilen. In Haus eins wird in 46 freundlich-hellen Zimmern nicht modern, sondern eher rustikal, nicht luxuriös, aber urgemütlich gewohnt, während das Untergeschoss der Genießerfraktion mit einem kleinen Wellnessbereich ein Refugium verschafft. Der Rest der Zimmer liegt in Haus zwei, wo auch Rezeption und Restaurants ihren Platz gefunden haben. Die Küche ist märkisch-regional ausgerichtet: Räucherfischsuppe und Soljanka, Hirschroulade und Wildschweinbraten.

Pferdekoppel und Streichelzoo

An warmen Sommertagen lädt der Biergarten bis zu 150 Gäste in den Schatten ausladender Sonnenschirme, während im Teich die Karpfen schwimmen. Von hier schweift der Blick über eine Pferdekoppel und den Streichelzoo. Über die Wiese, wo Kirschen und Pflaumen, Äpfel und Aprikosen an den Bäumen wachsen, wo Spielplatz, Bänke und Liegestühle zum Toben wie zum Ruhen auffordern.

Langweilig wird's den Gästen der Gutenmorgens nicht so schnell. Dafür sorgen Birgit und Lysann mit Grill- und Tanzabenden, Mittelaltertafeln und Lagerfeuer, Planwagenfahrten und Schiffstouren – verpackt in fantasievolle Arrangements, die jeweils zu festen Terminen das ganze Jahr über stattfinden. Aber auch ohne Entertainment lassen sich die Tage rund

um das Dorf Zechlin mit schönen Dingen füllen. Ausgedehnte Touren führen – zu Fuß oder auf dem Fahrradsattel, im Kremser oder Kanu – durch eine idyllische Region, in der Biber und Fischadler, Wolf und Eisvogel zu Hause sind, machen bekannt mit den verträumten Ortschaften einer alten Kulturlandschaft, in der bedeutende Männer Spuren hinterließen.

Ausflug nach Rheinsberg

Eine davon endet in Rheinsberg, wo Preußenkönig Friedrich II. seine „glücklichsten Jahre" verbrachte – und zwar lange bevor Theodor Fontane und Kurt Tucholsky den Charme des Städtchens entdeckten und ihm zu literarischer Bekanntheit verhalfen. Nur elf Kilometer trennen Dorf Zechlin von dem hübschen Flecken am Grienericksee, der sich vor allem im Sommer fest in der Hand von Touristen befindet. Die wandern durch üppige Buchenwälder und füllen die netten Cafés. Und natürlich besuchen sie Schloss Rheinsberg, das jeden Sommer eine grandiose Kulisse für das internationale Festival talentierter Nachwuchsopernsänger abgibt. Das hätte dem Alten Fritz ganz gewiss gefallen, der als junger Bursche gern dichtete und musizierte und von 1736 bis 1740 aus dem Schloss, Geschenk seines Vaters, einen Musenhof machte. Heute werfen Besucher Blicke ins Schlossinnere, das ein authentisches Bild der friderizianischen Ära entwirft. Schlendern gemächlich durch den Park, um dann doch wieder über eine Brücke auf das Inselchen zurückzukehren, auf dem die frisch herausgeputzte Prinzenresidenz mit ihren Rundtürmen und Arkaden inmitten einer gepflegten Komposition aus Beeten und Rasenflächen, Kieswegen und niedrigen Hecken ausgesprochen malerisch thront.

Sabine Mattern

HOTEL GUTENMORGEN

Anreise

A 24 bis Abfahrt Neuruppin, B 167 bis Neuruppin, weiter über Gühlen Glienicke und Wallitz bis Dorf Zechlin. Den Ort durchfahren Richtung Beckersmühle und Großer Zechliner See. Vom Ortsausgang noch zwei Kilometer. Mit Regionalexpress nach Rheinsberg, von dort mit Bus 785 bis Dorf Zechlin, wo die Gäste mit dem Auto abgeholt werden. Oder ab Rheinsberg mit dem Taxi (circa 15 Euro).

Unterkunft

Hotel Gutenmorgen ●
Zur Beckersmühle 103
16837 Dorf Zechlin
Tel. 033923/702 75
www.hotel-gutenmorgen.de
Dorf Zechlin, DZ/F ab 59 Euro
Ferienhaus ab 52 Euro/Nacht

Besichtigen

Schloss Rheinsberg
Mühlenstraße 1
16831 Rheinsberg
Tel. 033931/72 60
www.spsg.de
www.kammeroper-schloss-rheinsberg.de
April bis Oktober: Di – So 10 – 18 Uhr
November bis März: Di – So 10 – 17 Uhr

Auskunft

Tourismusverband Ruppiner Land, Neuruppin
Tel. 03391/65 96 30
www.ruppiner-reiseland.de

Touristinformation Rheinsberg
Tel. 033931/20 59
www.tourist-information-rheinsberg.de

LANDHAUS HAVELTREFF

Einsteins „Sommeridyll“ im Herbst

„Sei ein gutes faules Tier, streck alle viere weit von dir. Komm nach Caputh, pfeif auf die Welt. Und auf Papa, wenn dir's gefällt.“ Dieser gereimte Lockruf galt Albert Einsteins Filius Eduard, endlich das nagelneue, väterliche „Sommeridyll“ zu besuchen: ein so schlichtes wie schickes, seinerzeit (1929) avantgardistisches Gehäuse im Grünen mit weitem Blick auf die Havellandschaft. „Mein Paradies besteht aus Holz“, schwärmte der frischgebackene Nobelpreisträger. Bis heute der berühmteste Bewohner, den Caputh je hatte, und prominentester Fan des Schwielowsees, dem 2010 zudem eine besondere Ehre zuteil wurde. Die Gemeinde Schwielowsee mit ihren Ortsteilen Caputh und Ferch darf sich seitdem „staatlich anerkannter Erholungsort" nennen.

Ein wenig wie Weimar

Caputh ist dabei ein klein wenig wie Weimar: Es hat die Aura eines der weltberühmtesten Deutschen (da Goethe, hier Einstein); das besagte berühmte Holzhaus (gleichsam wie Goethes Gartenhaus an der Ilm) erzählt viel über Einstein als Mensch; und im alten Caputher Bürgerhaus gibt es eine kompakte, populärwissenschaftliche Schau über Einstein „als Physiker". Ihr Clou: über Kopfhörer die knarzend hellstimmige O-Ton-Einspielung von Einsteins bewegendem Forscher-Credo: der Wissenschaftler als Moralist.

Was Caputh noch an Weimar erinnern lässt, ist die malerische Einbindung in die weite, sanft hügelige, jetzt herbstlich flammende Waldlandschaft mit ihren entzückenden Landsitzen der Aristokratie: zum Beispiel Schloss Caputh. Der frühbarocke Bau mit Park und Postkartenblicken über den See nach Potsdam ist das einzig erhaltene, edel möblierte Residenzlein für den Sommer aus der Zeit des Kurfürsten Friedrich Wilhelm von Brandenburg. Seine Sensation: die etwas andere Art Blaue Grotte von Capri, nämlich ein mit 7500 blau-weißen niederländischen Fliesen gekacheltes Gewölbe, wo man einst, von der Sommerhitze gut abgeschirmt, fürstlich tafelte.

Heutzutage ist Ähnliches gut möglich im Kavalierhaus des Schlossparks. Oder im benachbarten Ringhotel Landhaus Haveltreff mit herrlichem Garten für herbstliche Sonnenwärme und Rosenbüschen mit letzten, schwer duftenden Blüten. Wer abends nach großartigen Sonnenuntergängen, lang glühendem Abendrot und opulentem Schlemmen keine Lust hat auf sein Zuhause, der kann im chic historisierend eingerichteten Hotel – einem liebevoll geführten Familienbetrieb – nach einem entspannenden Besuch von finnischer Sauna und Whirlpool zunächst höchst komfortabel speisen. Neuerdings gibt es hier zum Beispiel Fisch- und Fleischfondues sowie einen sechsstündigen Kochkurs. Und anschließend sein Haupt in einem der 24 Doppel- und drei Einzelzimmer betten.

Pastorale am Havelufer

Ein Dutzend Kilometer weiter nördlich des gegenüberliegenden Seenufers finden wir (um Weimar herum ist es nicht anders) gleich das nächste Refugium zum Faulsein und Auf-die-Welt-Pfeifen: Schloss Paretz. Das vom damaligen Stararchitekten David Gilly 1797 gebaute, frühklassizistische Schlösslein diente dem späteren Preußenkönig Friedrich Wilhelm III. und dessen Gemahlin Luise samt Kindern (sowie uns heute!) als ideales Ziel der kleinen Flucht aus Berlin. Die Pastorale am Havelufer, das klassisch märkische Idyll erfrischt uns, wie uns das – gleich dem Caputher Schloss – aufwendig restaurierte architektonische Kleinod entzückt. Auch hier ein Clou: die wundervollen, glanzvoll aufgefrischten, kostbarsten Originalpapiertapeten. Ein fantasievoll illustrierter Dschungel voll exotischer Tiere und Pflanzen, eine pittoreske Träumerei in arkadischen Landschaften oder Spielereien mit verrückten Ornamenten.

Reinhard Wengierek

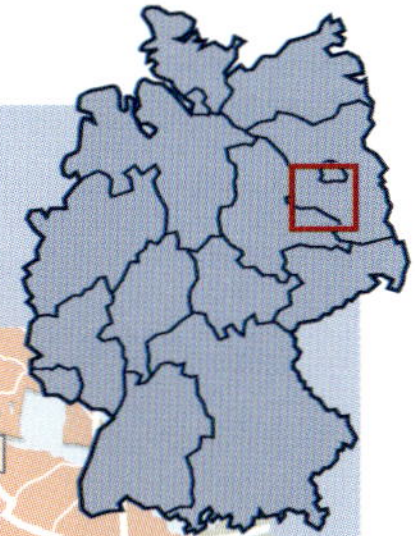

Besichtigen

Schloss Paretz
Parkring 1
14669 Ketzin
Tel. 033233/736 11
www.spsg.de
April bis Oktober: Di – So 10 – 18 Uhr
November bis März: Sa und So 10 – 16 Uhr

Schloss Caputh
Straße der Einheit 2
14548 Caputh/Schwielowsee
Tel. 033209/703 45
www.spsg.de
Mai bis Oktober: Di – So 10 – 18 Uhr
November bis März: Sa und So 10 – 17 Uhr

Einstein-Forum
Am Neuen Markt 7
14467 Potsdam
Tel. 0331/27 17 80
www.einsteinforum.de

Dauerausstellung „Einsteins Sommer-Idyll in Caputh" im Bürgerhaus
Straße der Einheit 3
14548 Schwielowsee OT Caputh
Tel. 033209/21 77 72
www.sommeridyll-caputh.de
April bis Oktober: Di – So 11 – 17 Uhr
November bis März: Fr – So 11 – 17 Uhr

Einsteinhaus
Am Waldrand 15 – 17
14548 Caputh
Tel. 0331/27 17 80
www.einsteinsommerhaus.de
April bis Oktober: Sa und So 10 – 18 Uhr

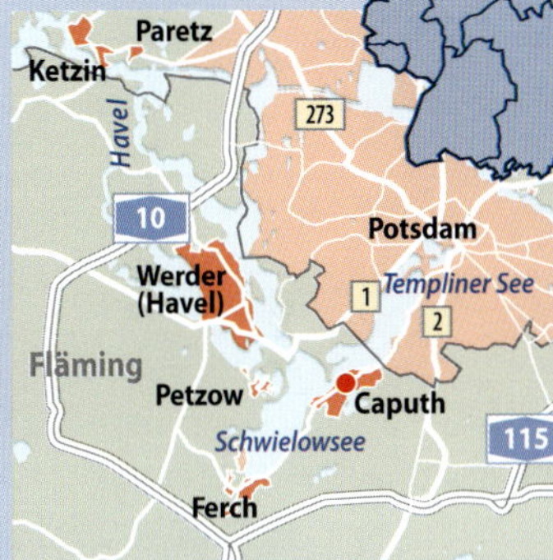

Anreise

A 115 bis Berliner Ring, A 10 bis Michendorf, über Potsdamer Straße und Caputher Chaussee nach Caputh. Mit S-Bahn oder Regionalbahn bis Potsdam Hauptbahnhof, weiter mit Bus 607 oder Regionalbahn bis Schwielowsee.

Unterkunft

Landhaus Haveltreff ●
Weinbergstraße 4
14548 Schwielowsee OT Caputh
Tel. 033209/780
www.haveltreff.de
DZ ab 94 Euro

Auskunft

Schwielowsee-Tourismus
Tel. 033209/708 99
www.schwielowsee-tourismus.de

Stille Tage im Norden Brandenburgs

Wie zittrige Finger folgen die nackten Äste der Bäume dem Takt des Windes und werfen ein Netz aus Schatten und Sonne auf die vornehme Fassade der Adresse Eichberg 10. Geduldig wacht dort das Landhaus Himmelpfort am See über die Einsamkeit seiner kleinen Welt. Lauscht auf die winterliche Stille, die höchstens ein paar Vogelstimmen zu durchbrechen wagen. Schaut auf den Park und weiter auf die märchenhaften Wasser, die zu seinen Füßen niederknien. Ein Badesteg liegt verlassen und erinnert an den Sommer, wenn hier am Haussee die Zeichen ganz und gar auf Bootfahren oder Schwimmen stehen.

Aus der Schlittschuhperspektive

In der kalten Jahreszeit haben die Bewohner des architektonischen Juwels jedenfalls anderes im Sinn. Wollen sich die schweigsame Wald-, Heide- und Seenlandschaft rund um das Dorf Himmelpfort erwandern. Wollen, wenn das Wetter mitspielt, an frostigen Tagen den Haussee aus der Schlittschuhperspektive sehen, während bei Regen wohl eher der kleine Wellnessbereich zum Schwitzen in der Sauna oder die schöne Bibliothek zum Lesen, Spielen und Plaudern verführt.

Ein wundervolles Zuhause auf Zeit, einen Hort der Ruhe und Abgeschiedenheit bietet im hohen Norden Brandenburgs das Landhaus seinen Gästen, denen auf drei Etagen die Wahl zwischen acht exklusiven Ferienwohnungen und zwei Doppelzimmern im neu gebauten Gästehaus gelassen wird. Viel ist passiert, vieles hat sich verändert, seit das Gebäude in den 30er-Jahren des vergangenen Jahrhunderts als Gasthaus den Berliner Sommerfrischlern ein formvollendetes Willkommen bot und das weiß beschürzte Personal eilfertig zum Empfang Spalier stand.

Aber das stilvolle Ambiente ist geblieben. Zwischen 50 und 140 Quadratmeter groß, besitzen die Wohnungen von der Küche bis zum Bad nicht nur alles, was man braucht, sondern auch jeweils ihren eigenen Charakter. Logiert wird hier achtmal anders: im französischen Landhausstil oder „very British", skandinavisch elegant oder à la Hemingway.

Etwas Sightseeing gefällig? Ein kurzer Spaziergang bringt die Landhausbewohner über den romantischen Schleusenkanal auf direktem Weg zur Dorfmitte von Himmelpfort. Wo sonst die backsteinroten Reste der mittelalterlichen Klosteranlage auf einem zauberhaften Seegrundstück friedlich schlummern, herrscht jetzt im Advent ein reges Treiben.

Weihnachtsmann im Postamt

Schließlich ist in der Klosterstraße 23 bis Heiligabend eine wichtige Persönlichkeit zu Gast. Mit rotem Mantel, Rauschebart und schwarzen Stiefeln sitzt, man glaubt es kaum, der Weihnachtsmann in der Weihnachtspostfiliale und antwortet auf Abertausende von Kinderbriefen aus der ganzen Welt. Wobei ihn eine ganze Schar von 20 Weihnachtsengeln fleißig unterstützt. Natürlich freut sich der heilige Mann, der sonst am Nordpol wohnt, wenn auch mal jemand persönlich bei ihm reinschaut, um den Wunschzettel zu übergeben. Ebenso in sein Himmelpforter Heim, das gleich hinterm Postamt liegt, darf ein Blick geworfen werden: Hier lodert schon ein Feuer im Kamin, ein bequemer Sessel steht zum Ausruhen für den Weihnachtsmann bereit.

365 Tage im Jahr Weihnachten

Wie wäre es jetzt mit einer Stärkung? Lust auf Waffeln, Stollen und Gebäck? Der richtige Ort für solcherlei Gelüste ist das originelle Weihnachtscafé ein paar Schritte weiter in der Fürstenberger Straße, in dem das Stimmungsbarometer 365 Tage im Jahr auf Weihnachten zeigt. Wer hier eintritt, steht mitten in der Küche, wo der Duft der Bäckerei wie ein Versprechen auf Tassen, Tellern, Töpfen liegt. Bei gerade gebrühtem Kaffee und frisch gekochtem Kakao lassen sich in den liebevoll dekorierten Räumen bestens Pläne schmieden – für einen Ausflug in die

Flößerstadt Lychen im Naturpark Uckermärkische Seen oder nach Fürstenberg, das Tor zur Mecklenburgischen Seenplatte mit seinem barocken Schloss, das zwischen 1741 und 1752 als Witwensitz für eine mecklenburgische Herzogin errichtet wurde. Vielleicht auch zum berühmten Stechlinsee, an dessen winterstillen Ufern mit seinen umgekippten Booten die einstige Glashüttensiedlung Neuglobsow mit ihrem sehenswerten Museum im Glasmacherhaus zum Vorbeikommen einlädt.

Sabine Mattern

LANDHAUS HIMMELPFORT AM SEE

Anreise

B 96 bis Fürstenberg, weiter auf L 214. Mit der Bahn bis Fürstenberg, weiter per Bus.

Besichtigen

Weihnachtspostamt, Himmelpfort
www.weihnachtsmann-in-himmelpfort.de

Glasmacherhaus Neuglobsow
Stechlinseestraße 21
16775 Stechlin
Tel. 033082/408 63
Mai bis September: Mi–So 10–18 Uhr
Oktober bis April: Fr–So 10–16 Uhr

Auskunft

Touristinformation Fürstenberg
Tel. 033093/322 54
www.fuerstenberger-seenland.de

Unterkunft

Landhaus Himmelpfort am See
Eichberg 10, 16798 Himmelpfort
Tel. 033089/44 00
www.landhaus-himmelpfort.de
Apartments ab 60 Euro am Tag, die Doppelzimmer mit Frühstück kosten 50 Euro

Fürstlich logieren im Osten Brandenburgs

Neugierig lugt ein Sonnenstrahl durch den Spalt des Vorhangs und schickt einen wärmenden Morgengruß in die heimeligen Zimmer des Schlosses. Während sich dort die Logiergäste den Schlaf aus den Augen reiben, hat sich die Natur vor den Fenstern längst für den Tag gerüstet. Das Zwitschern der Vögel hängt wie eine Glocke über dem Park von Steinhöfel, der sich mit weiten Wiesenflächen und einzelnen Baumgruppen im Kleid eines englischen Landschaftsgartens zeigt. Einsame Wege säen ihre verschlungenen Spuren in das 43 Hektar große Gelände, wo sich pittoreske Brückchen über verzweigte Wasserarme beugen.

Bewegte Geschichte

Als Schloss Steinhöfel nach seiner Renovierung 2002 als Hotel seine herrschaftlichen Pforten öffnete, hatte der Adelssitz bereits eine bewegte Geschichte hinter sich. Einst ein einmaliges Ensemble im frühklassizistischen Stil erfuhr das Schloss durch die Hand späterer Bewohner noch manche bauliche Korrektur und machte in den letzten Jahrzehnten schließlich eine Karriere als Kinderkrippe, Dorfladen und Turnhalle. Heute unternehmen die Besucher von Steinhöfel wieder eine stimmungsvolle Reise in die gute alte Zeit. Knarrendes Parkett, Stuck,

Kerzenlüster, Gemälde und üppige Vorhangstoffe – der Zauber des zinnengekrönten Schlossbaus ist für Gäste mit Erholungswünschen sehr attraktiv. Übernachtet wird in individuell gestalteten 27 Doppel- und vier Einzelzimmern. In den mit Antiquitäten eingerichteten Räumen steckt eine ordentliche Portion Liebe zum Detail, die sich ebenso im Rest des Hauses zeigt: im Café Luise, in dessen lichter Atmosphäre das Frühstück serviert wird; im stilvollen Wintergarten, der seine Türen auf eine große Terrasse öffnet; und im Restaurant Valentin, wo sich die Gäste zu leiser Musik ganz dem Genuss von Wildconsommé oder Jakobsmuscheln, Hasenrücken oder Zander hingeben.

Es gibt einige Möglichkeiten, als Schlossherr auf Zeit lustvoll durch den Tag zu kommen. Aber ein bisschen echtes Sightseeing darf's dann trotzdem auch noch sein. Gleich vor der Tür befindet sich Steinhöfels Dorfkirche mit ihrem sehenswerten Innenleben. Und ein paar Kilometer weiter wartet Fürstenwalde. In der einstigen Bischofs- und Handelsstadt dominiert der weit über 500 Jahre alte Dom St. Marien die Stadtmitte – als großartig konservierte Ruine einer spätgotischen Hallenkirche. Der Innenraum birgt unter einer modernen Deckenkonstruktion von Arkaden durchbrochene Mittelschiffwände, die kein Gewölbe mehr tragen, stattliche Pfeiler, die in die Höhe streben und unvermittelt innehalten

– als würden die Baumeister ihre Arbeit fortsetzen. In direkter Nachbarschaft zu Fürstenwaldes Wahrzeichen gibt die alte Schule dem städtischen Museum ein Zuhause. Eine bemerkenswerte Ausstellungskonzeption bereitet hier Stadtgeschichte spannend auf und lüftet manches Geheimnis um Raubritter, Schätze, japanisches Bier, Erfindungen ... Unbedingt ansehen!

Spazieren, Schlemmen und Saunieren

Naturfreunde werden Fürstenwalde nicht verlassen, ohne seinem Heimattiergarten einen Besuch abzustatten. Ein ausgedehnter Spaziergang führt vom Domplatz Richtung Stadtpark – vielleicht mit kleinem Abstecher über die Tuchmacherstraße, wo im Zunfthaus 383, dem schmalsten Haus des Ortes, Herzhaftes aus Topf und Pfanne die Küche verlässt. Gestärkt von Sülze, Eisbein und Roulade streifen die Tagesausflügler nur wenig später im Schatten hoher Kiefern durch die acht Hektar große Anlage. Rotfüchse dösen hier träge in der Sonne, während ein Luchs auf dickpelzigen Pfoten sein Revier abschreitet, Wildschweine suchen im Schlamm nach Schätzen, während ein Waldkauz stumme Wache hält. Und nicht nur die jüngsten Gäste erliegen dem Charme der frechen Ziegen, die einem mit rauer Zunge das Futter von den Händen lecken.

Sabine Mattern

SCHLOSS STEINHÖFEL HOTEL

Anreise

Mit dem Auto auf der A12 bis Fürstenwalde-Ost, B168 und L36 bis Steinhöfel.
Per Regionalexpress bis Fürstenwalde, weiter mit dem Bus 433 bis Steinhöfel.

Auskunft

Tourismusverband Seenland Oder-Spree
Tel. 033631/86 81 00
www.seenland-os.de

Unterkunft

Schloss Steinhöfel Hotel ●
Schloßweg 04
15518 Steinhöfel
Tel. 033636/27 70
www.schloss-steinhoefel.de
DZ ab 130 Euro

Besichtigen

Museum Fürstenwalde
Domplatz 7
15517 Fürstenwalde
Tel. 03361/21 30
www.museum-fuerstenwalde.de
Di – So 13 – 18 Uhr

Heimattiergarten
Dr. Wilhelm-Külz-Straße 10b
15517 Fürstenwalde/Spree
Tel. 03361/45 41
www.heimattiergarten-fuerstenwalde.de
April bis September: Mo – So 9 – 18 Uhr
Oktober bis März: Mo – So 9 – 16 Uhr

Vom Herrenhaus zum Storchennest

Wie ein begnadeter Seiltänzer balanciert der Storch auf seinem wuchtigen Nest, das auf dem First eines Daches klebt. Reglos steht er da. Das Stillleben mit Vogel gerät erst in Unordnung, als sich ein Flügelpaar aus dem Himmel schält und die Herzensdame des Jungvermählten, von Klappern begrüßt, auf dem Rand des Throns aus Reisig landet. Ein vertrautes Bild, das sich auf dem nächsten Haus wiederholt. Mit gutem Grund: Es ist Storchenzeit in Rühstädt. Jedes Jahr ab Mitte März steigt die Einwohnerzahl des 240-Seelen-Ortes rasant, wenn 60 bis 70 Weißstörche aus Afrika in dem idyllischen Winkel in Nordwest-Brandenburg eintreffen, um Hochzeit zu feiern.

Einer der ältesten Rittersitze

Doch lange, bevor die Störche das Dorf zum sommerlichen Touristenmagneten machten, hatten schon andere den hübschen Fleck an der Elbe für sich entdeckt. Als einer der ältesten Rittersitze der Prignitz sah es mehrere adlige Besitzer kommen und gehen, bis die Familie von Jagow 1780 das Gut Rühstädt erwarb. Aus dieser Zeit stammt auch das spätbarocke Schloss, das die Nachfolge einer ursprünglichen Trutzburg antrat. Mit Kriegsende 1945 änderten sich die Besitzverhältnisse erneut.

Die Jagows mussten Rühstädt verlassen, und ein Altenpflegeheim nahm wenig später im Herrenhaus Quartier. Bis zum Ende der 90er-Jahre. Heute ist der Prachtbau ein liebevoll restauriertes Wellnesshotel mit drei Sternen, dessen heimelige Atmosphäre die Gäste auf eine Auszeit lädt.

Eine Brücke überwindet wie einst den Wassergraben und verbindet nun das Dorf mit dem Schlosshotel Rühstädt – einem Putzbau mit zwei Stockwerken über einem hohen Souterraingeschoss. Eine elegante Freitreppe führt bis zum Eingangsportal, hinter dem das Haus mit dem Vestibül einen ersten glanzvollen Auftritt hat. Von hier öffnen sich die Türen in die Wohn- und Aufenthaltsbereiche des Schlosses. Eine auffallende Stille füllt die alten Mauern, die Flure, die geschmackvoll möbliert sind mit antiken Schränken und Truhen und an denen die 14 Gästezimmer liegen, den Aufenthalts- sowie den Frühstücksraum.

Für die Bewohner auf Zeit, die die Nacht vielleicht im Himmelbett verbracht haben, beginnt der Tag mit einer gesunden Mahlzeit in Gesellschaft gold gerahmter Wandgemälde unter üppig dekorierten Stuckdecken, also ganz stilecht. Ein Spaziergang im Park könnte folgen oder eine Lesestunde in der Bibliothek. Oder lieber ein Gang in die Sauna? Wellnessfans bieten sich jedenfalls etliche Möglichkeiten, auf ihre Kosten zu kommen.

Für das leibliche Wohl der Übernachtungsgäste sorgt die Küche mit kleinen Mittagsgerichten, wobei die Karte Leckeres wie Spinatstrudel oder Salate, Zanderfilet oder hausgemachtes Wildgulasch offeriert. Serviert wird in der gemütlichen Bar, in der man sich, ganz wie zu Hause, selbst mit kalten und warmen Getränken versorgen darf. Die beiden Fenstertüren des Raums münden auf eine Terrasse. Windgeschützt kann man hier mit Blick ins Grüne sitzen – vor sich die Wiesen, Bäume und Teiche des Parks.

Von Kuhblank bis zur Kurstadt

Viele der Ausflugsziele rund um Deutschlands größte Storchenkolonie liegen nicht allzu weit entfernt, sind gut per Rad, aber auch zu Fuß erreichbar: das winzige Lennewitz, das mit einem schönen Wandergebiet punktet; das historische Rundlingsdorf Kuhblank oder das Kurstädtchen Bad Wilsnack, das Wunderblutkirche und Altstadt zu seinen Attraktionen zählt. Gegen Ende der Tour rückt Rühstädt wieder in den Fokus der Urlauber. Wer nicht bereits in Bad Wilsnack oder Wittenberge diniert hat, kann am Wochenende als Hausgast im Schloss zu Abend essen und ansonsten gleich nebenan im Landgasthaus Storchenkrug, der allerhand Deftiges kredenzt. Auch die Störche machen jetzt Feierabend. Und liefern denen, die sich noch nicht in die Zurückgezogenheit ihrer Unterkunft verabschiedet haben, ein tolles Naturschauspiel – den

späten Einflug der Vögel in ihre Horste und damit die letzten Fütterungen der Kleinen. Jedenfalls für heute.

Sabine Mattern

SCHLOSSHOTEL RÜHSTÄDT

Anreise

Mit dem Auto auf der A 24 bis Wittstock, über Heiligengrabe bis Kyritz, auf der B 5 bis Kletzke, weiter über Bad Wilsnack bis Rühstädt. Mit Regionalexpress bis Bad Wilsnack, von dort weiter mit dem Bus bis Rühstädt.

Auskunft

Tourismusverband Prignitz, Perleberg
Tel. 03876/30 74 19 20
www.dieprignitz.de, www.storchenclub.de
www.reiseland-brandenburg.de

Unterkunft

Schlosshotel Rühstädt •
Am Schloss 3
19322 Rühstädt
Tel. 038791/808 50
www.schlosshotel-ruehstaedt.de
DZ/F ab 98 Euro. Zahlreiche Arrangements. Wellness-Buchungen am besten gleich bei Zimmerreservierung.
Küche: Mo – Sa mittags. Für Gäste des Schlosshotels stehen Leihfahrräder zur Verfügung

Besichtigen

Wunderblutkirche Bad Wilsnack
Große Straße 50
19336 Bad Wilsnack
Tel. 38791/27 21
www.wunderblutkirche.de

Kristalltherme Bad Wildsnack
Am Kähling 1
19336 Bad Wilsnack
Tel. 038791/808 80
www.kristalltherme-bad-wilsnack.de

SEEHOTEL FONTANE

Heiße Saunagänge mit Fontane

Was er wohl zu diesem Ambiente gesagt hätte? Und zu diesem typischen Saunageruch von heißem Holz? Vor allem aber zu diesem Ausblick durch die gigantische Glasscheibe von der schwimmenden Sauna auf den Ruppiner See? Er, der Sohn dieser Stadt, der Fontanestadt Neuruppin.

Es ist selbstverständlich müßig darüber zu räsonieren, welch ein Wohlgefühl Fontane durchströmt hätte in einem der vielen

Wellnessräume im noch immer recht neuen Resort Mark Brandenburg. Und es ist auch nichts weiter als eine vom Glücksgefühl überdrehte, ja launenhafte Gedankenspielerei, ob Fontane sich der größtmöglichen Hitze hingegeben hätte oder sich das Etikett Sauna-unten-Sitzer hätte anheften müssen.

Fontane, verzockt

Im frühen 19. Jahrhundert hatte die Stadt, deren Besiedlungsanfänge im Dunkeln liegen, die aber 1238 erstmals urkundliche Erwähnung fand, fürwahr andere Probleme. Louis Henri und Emilie Fontane bezogen im Frühjahr 1819 das Haus mit der Löwen-Apotheke in der Hauptstraße Neuruppins (heute Karl-Marx-Straße 84). Am 30. Dezember jenes Jahres wurde ihr erstes Kind Theodor Fontane geboren. Sieben Jahre später musste der Vater die Immobilie wieder veräußern – er hatte sich schlichtweg verzockt.

Für die Stadt Neuruppin sind die historischen Aushängeschilder mehr denn je ein Segen. Nicht nur Fontane, auch Karl Friedrich Schinkel, der große Baumeister und Maler, wurde in der Stadt am Ruppiner See (am 13. März 1781) geboren. Dessen Kindheit fällt gar in die Jahre des Wiederaufbaus der Stadt – ein verheerender Brand im August 1787 vernichtete 400 Häuser und 38 Scheunen (woraufhin die Stadt nach Plänen von König Friedrich Wilhelm II. als streng konzipiertes Ensemble und „preußischste Stadt Preußens" neu aufgebaut wurde).

Fontane, immer wieder Fontane. Der Berliner, Märker, Europäer. Der Schriftsteller, Journalist, Lebenskünstler. Ohne seinen Namen geht in der ehemaligen Garnisonsstadt nichts. Von seinem 1907 eingeweihten Denkmal mal abgesehen, scheint praktisch

alles vom Wohlklang dieses Namens zu profitieren. Fontane-Apotheke, Fontane-Buchhandlung, Fontane-Festspiele, eine Fontane-Gesamtschule und für Erholungssuchende besonders interessant: eine Fontane-Therme sowie das Seehotel Fontane.

Neuruppins neues Niveau

Ohne Umschweife: Therme und Hotel mit Fontane im Namen bilden gemeinsam das Resort Mark Brandenburg, das das Hotel-, Tagungs- und Wellnessangebot Neuruppins auf ein völlig neues Niveau hebt. Auch der Uferbereich mit einladender Promenade scheint in einen Jungbrunnen gefallen zu sein. Wirkt das Seehotel Fontane von außen recht schmucklos, überzeugt das geschmackvolle Design des Interieurs im Hotelrestaurant Parzival und in der Kaminbar umso mehr. Der Clou ist die haushohe Glasfront zum See hin: Schon beim Betreten des Hotels wirkt der Ruppiner See zum Greifen nah, die Lobby wird zum lichtdurchfluteten Blickfang. Immerhin 80 Prozent der Zimmer haben Seeblick – und einen eigenen Balkon.

Über einen verglasten „Bademantel-Gang" gelangt der Hotelgast in die öffentliche Fontane-Therme. Das Konzept geht auf, denn die Therme erfreut nicht nur erholungsbedürftige Hauptstädter, sondern auch fitnessorientierte Neuruppiner. Die natürliche Solequelle, die eigentlich an ganz anderer Stelle der Stadt entspringt, speist die zum Treibenlassen animierenden Heißwasserbecken im Außenbereich des Neuruppiner Gesundbrunnens. Seit Mai 2011 ist sie staatlich anerkannte Heilquelle. Die Förderungsanlage der Sole steht direkt neben der Therme.

Die Saunalandschaft lässt mit Deutschlands größter schwimmender Seesauna, finnischer Sauna, Biosauna, Dampfbad, separatem Saunabereich nur für Damen, Kräuterbad mit duftendem Wasserdampf, Laconium mit erwärmten Steinliegen und einem Eisraum kaum Wünsche offen. Dazu kommen ein Schwimmbecken (innen), Sole-Außenbecken, Schwebebecken und ein See-Tauchbecken. Eines ist sicher: Theodor Fontane hätte sich nach seinen Wanderungen durch die Mark Brandenburg hier hervorragend erholen können.

Michael Hegenauer

Anreise

Über die A 24 (Berlin-Hamburg) bis Ausfahrt Neuruppin-Süd. Für Zugreisende gibt es stündliche Verbindungen von Berlin mit dem Prignitz-Express nach Neuruppin.

Besichtigen

Fontane-Haus
Karl-Marx-Straße 84
Neuruppin
www.neuruppin.de/tourismus-kultur/sehenswuerdigkeiten/fontane-haus.html

Klosterkirche St. Trinitatis
Niemöllerplatz
16816 Neuruppin
www.ev-kirche-neuruppin.de

Museumshof Neuruppin
Fischbänkenstraße 3
16816 Neuruppin
Tel. 03391/65 17 47
www.museumshof-neuruppin.de
Di – So 11 – 17 Uhr

Brandenburg-Preußen Museum, Wustrau
Eichenallee 7 a
16818 Wustrau
Tel. 033925/707 98
www.brandenburg-preussen-museum.de
April bis Oktober: Di – So 10 – 18 Uhr
November bis März: Di – So 10 – 16 Uhr

Auskunft

Tourismus-Service BürgerBahnhof
Karl-Marx-Straße 84
Neuruppin
Tel. 03391/454 60, Fax: 45 46 66
www.neuruppin.de

Unterkunft

Seehotel Fontane ●
An der Seepromenade 20
16816 Neuruppin
Tel. 03391/403 50
www.seehotel-fontane.de
www.fontane-therme.de
Doppelzimmer mit Seeblick exklusive Frühstück inklusive tägliche Nutzung der Wasser- und Saunaflächen der Therme ab 180 Euro

SEEHOTEL GROSSRÄSCHEN

Paradies aus zweiter Hand

Was für ein Blick! Vor dem Fenster breitet sich eine unwirkliche Szenerie aus: In der Spätsommersonne glitzert der Ilse-See, Menschen flanieren auf der Uferpromenade oder auf der Seebrücke – und dazwischen breitet sich eine Landschaft von eigentümlicher Schönheit aus.

Wir sind zu Gast im Großräschener Seehotel in der Niederlausitz und werden Zeugen eines einmaligen Landschaftswandels. Wo heute ein See schimmert, holten einst gewaltige Braunkohlebagger das Unterste zuoberst und baggerten die Straße nach Senftenberg ab, die Kirche, die Schule und überhaupt den ganzen Stadtteil Großräschen-Süd.

Nur eine Handvoll Häuser blieb stehen, darunter das schlossartige „Ledigenheim" der historischen Ilse Bergbau AG. Hier hatten ab 1923 die unverheirateten Ingenieure der „Ilse" gewohnt. In den 80er-Jahren sollte es dann selbst der Braunkohle weichen. Doch vor dem Ende des „Ledigenheims" kam das Ende der DDR und des Tagebaus. Danach fiel das Haus in einen Dornröschenschlaf. Erst Gerold Schellstede küsste es wieder wach. Der Großräschener Geschäftsmann ließ den dreiflügeligen Komplex zum Viersternehotel umbauen – eine mutige Entscheidung angesichts der damals noch staubigen Grube vor der Haustür.

Doch seit 2007 wird auch die Großräschener Grube als letzter Tagebau der Region geflutet. Bis zum Jahr 2015 entsteht hier der Ilse-See, der bereits heute blau glänzt, aber noch auf doppelte Größe heranwachsen wird. Fahrgastschiffe sollen dann von der Seebrücke ablegen nach Senftenberg und zu den anderen künstlichen Seen der Region, Großräschen soll das „Tor zum Lausitzer Seenland" sein. Kurz nach Flutungsbeginn eröffnete Gerold Schellstede sein Seehotel, und das Ergebnis ist beeindruckend. Äußerlich wurde die neoklassizistische Fassade mit ihren Bergbau-Reliefs liebevoll wiederhergestellt, das Innere ist stilvoll, aber unaufdringlich. Doch so großzügig die Zimmer auch geschnitten sind und so einladend die Betten wirken, uns zieht es raus an den See.

Seebrücke in der Mondlandschaft

Die Seebrücke bietet einen kuriosen Anblick, wie sie derzeit noch in der trockenen Mondlandschaft steht. Kaum zu glauben, dass so eine Landschaft in Deutschland und sogar nur gut eine Autostunde von Berlin liegt. Unsere Faszination wächst, als wir uns einer Wanderung in den ehemaligen Tagebau anschließen – über Sanddünen, durch steppenartige Ebenen und zwischen metertiefen Erosionsrinnen hindurch. Die einzigartige Mischung aus Urlaubs- und Mondlandschaft lässt sich auch ganz ohne körperliche Anstrengung vom Liegestuhl aus und mit einem Cappuccino in der Hand genießen: Neben der Seebrücke liegt ein hübsches Café auf den IBA-Terrassen, dem Besucherzentrum der Internationalen Bauausstellung (IBA) Fürst-Pückler-Land.

Über den Wandel des Braunkohlereviers zum Lausitzer Seenland informiert die Ausstellung im Besucherzentrum. Hier erfahren wir von fertigen Badeseen, schwimmenden Häusern im Seenland und von IBA-Projekten wie dem „Liegenden Eiffelturm der Lausitz“ – eine 500 Meter lange, begehbare Brücke im Besucherbergwerk Abraumförderbrücke F60 bei Finsterwalde.

Riesling mit Rembrandt

Die Wanderung hat uns so hungrig gemacht, dass wir uns auf das Hotelrestaurant freuen, wo wir aber eine Überraschung erleben müssen: Wegen einer Veranstaltung ist es geschlossen. Die Hotelgäste werden ins „Fälschermuseum“ gebeten. Mehr als 50 Gemälde hängen dort: Von der „Mona Lisa“ bis zu van Goghs „Sonnenblumen“. Wir speisen direkt an einer Kopie von Rembrandts „Nachtwache“ und stellen fest: Die Küche zumindest ist originell regional und hervorragend. Der Zander zergeht auf der Zunge, und obwohl auf den Abraumhalden Versuchsfelder mit Wein anlegt wurden, kommt der trocken-fruchtige Riesling zum Glück aus der Pfalz.

Die Ölgemälde in unserem „Museumsrestaurant“ stammen von den drei russischen Brüdern Posin, die in Neukölln ihren „Kunstsalon“

betreiben. Gerold Schellstede ist begeistert von ihren Reproduktionen. „Ich bin kein Kunstexperte, habe mir aber sagen lassen, dass die Fälschungen meisterlich sind." Berlins ehemaliger Kultursenator und heutiger Autor der Berliner Morgenpost, Christoph Stölzl, etwa hat schon wohlwollend über die Kunst der Posins geschrieben. Und warum auch nicht? Wenn draußen vor dem Hotel ganze Seen „gefälscht" werden, warum dann nicht im Inneren ein Vermeer?

Rainer Müller

SEEHOTEL GROSSRÄSCHEN

Unterkunft

Seehotel Großräschen ●
Seestraße 88
01983 Großräschen
Tel. 035753/ 69 06 60
www.seehotel-grossraeschen.de
DZ/F ab 85 Euro

Besichtigen

Besucherbergwerk F 6
Bergheider Straße 4
03238 Lichterfeld
Tel. 03531/608 00
www.f60.de
Mo–So 10–18 Uhr

Auskunft

Touristinformation auf den IBA-Terrassen
Tel. 035753/2610 www.iba-see.de
www.grossraeschen.de

Anreise

A13 Richtung Dresden bis Großräschen. Im Ort der Ausschilderung „IBA-Terrassen" folgen. Mit der Bahn über Calau bis Großräschen. Ab dort kostenloser Shuttle.

Ein Stückchen Kanada in Kremmen

Wenn der Winter an den Kremmener See kommt, tanzt der Wind mit dem Schilf einen Walzer. Die bleichen Halme schmiegen sich in die Wellen und halten Schritt mit jeder Böe, die sie herumwirbelt. Die längste Seebrücke Brandenburgs, auf der im Sommer Kinder ihr Eis schlecken und Wanderer ihre Beine ausstrecken, wirkt wie ein Bollwerk gegen das Chaos der Stadt.

Eine Badewanne aus Kupfer

Am besten aber lässt sich der Blick auf die „Perle im Rhinluch" aus dem zweiten Stock des Hotels Seelodge genießen. Und dann am besten nackt – vor allem im Winter. Während am Ufer das Eis dicker wird, hüllt einen drinnen der Badeschaum sanft ein. Und zwar in einem Unikat, dem Traum einer jeden Wasserratte: eine Badewanne aus Kupfer, die nur in den beiden Suiten mitten im Raum steht.

Gerade einmal 35 Autominuten dauert die Fahrt von Berlin an den Kremmener See. Schon in den 30er-Jahren suchten die Badenden das Vergnügen auf dem Wald- und Seegut. Und auch zu DDR-Zeiten zog es die Schwimmer an. Was für ein Wandel: Aus einer klapprigen Wirtschaft in einer Holzhütte ist dank Sanierung und Ausbau seit 2006 ein Kleinod im Landhausstil mit zwei Suiten, drei Doppelzimmern und einem Appartement mit zwei Schlafzimmern entstanden. Die Seelodge steht als Einzige ihrer Art in Deutschland auf 64 Pfählen im Wasser und schmiegt sich zwischen den vom Wind wispernden Bäumen ans Ufer. Die Eröffnung des Hotels kam einer kleinen Sensation gleich, denn das nördliche Umland Berlins gilt als touristisch immer noch etwas unterentwickelt. Sterneköche oder luxuriöse Hotels mit üppigem Wellnessbereich wie im Süden sucht man meist vergebens.

Kuhfelle, Hirschgeweihe

Die Berliner Eigentümer sahen genau darin eine Chance. Statt opulentem Freizeitprogramm wählten sie eine kanadisch-afrikanische Lösung: die Lust an unendlicher Weite und noch unberührter Natur, direkt am Schutzgebiet „Kremmener Luch“ mit seinen Wanderpfaden. Ein selten gewordener Luxus, der sich auch in den Zimmern spiegelt, die mit Details wie Kuhfellen, Hirschgeweihen und Skulpturen an eine Safari erinnern. Sogar die Kraniche huldigen diesem ruhigen Ort und stärken sich dort auf ihrer langen Reise in den Süden. Natürlich locken auch der historische Ortskern und das Scheunenviertel Kremmens. Dort, wo 1840 die Stadtväter aus Sorge vor einer Feuersbrunst die Lagerstätten für Stroh und Viehfutter außerhalb der Stadt anlegten, haben sich heute Restaurants und Schmuckwerkstätten angesiedelt. Und auch die Golfclubs Kallin und Stolper Heide sind ganz in der Nähe.

Ansonsten knistert der mächtige Kamin, der aus wuchtigem Felsgestein das Restaurant wärmt, mit etwas Glück nur für den einzelnen Gast, während die Küche das Drei-Gänge-Menü mit Spezialitäten aus der Region zubereitet. Und juckt es den Besucher in den Fingern und möchte er selbst einen Fisch angeln, so bereitet ihn der Koch gegen ein kleines „Hakengeld“ auch noch zu. Doch selbst für derartige Exkursionen wirken die Suiten mit ihrem wärmenden Badewasser einfach viel zu magnetisch.

Katja Mitic

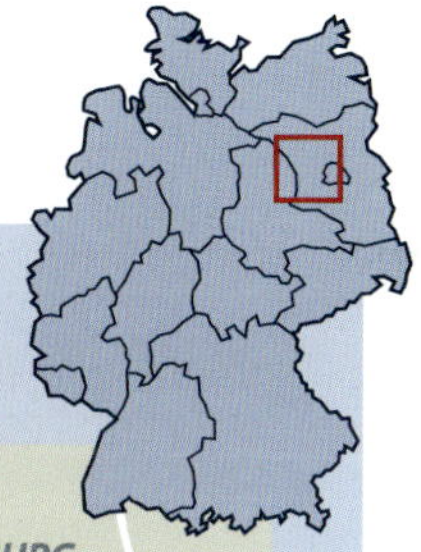

SEELODGE RESTAURANT & HOTEL

Übernachtung

Seelodge Restaurant & Hotel ●
Zum See 4a
16766 Kremmen
Tel. 033055/220 80
www.seelodge.de
DZ/F ab 90 Euro, Suiten ab 180 Euro

Besichtigen

Schloss Oranienburg
Schlossplatz 1
16515 Oranienburg
Tel. 03301/53 74 37
www.spsg.de
April bis Oktober: Di–So 10–18 Uhr
November bis März: Di–Fr 10–16 Uhr
Sa und So 10–17 Uhr

Gedenkstätte und Museum Sachsenhausen
Straße der Nationen 22
16515 Oranienburg
Tel. 03301/20 02 00
www.stiftung-bg.de
15. März bis 14. Oktober: Mo–So 8.30–18 Uhr
15. Oktober bis 14. März: Mo–So 8.30 bis 16.30 Uhr

Anfahrt

Über A 24 oder A 114 bis Abfahrt Kremmen, weiter auf der B 273. Der Weg zur Seelodge ist ausgeschildert. Mit der Bahn über Hennigsdorf nach Kremmen.

Auskunft

Touristeninformation in der Museumsscheune
Scheunenweg 49
16766 Kremmen
Tel. 033055/715 00

Alles lebt, alles fließt – nur die Zeit bleibt stehen

„Herzlich willkommen! Sie waren schon einmal im April 2004 hier!" Danke, hätte ich so genau nicht mehr gewusst. Ungefragt hat die aufmerksame Dame am Empfang bereits beim Einchecken mein Gedächtnis aufgefrischt. Damals hatten wir in einer Landhaussuite genächtigt, mit unendlich viel Platz, einer Sauna und Blick auf eine idyllische Pferdekoppel. Sieben Jahre später sind wir wieder hier, wieder in einer Spa-Suite, nur wirkt diese noch größer als in meiner Erinnerung. Aber dieser Ort lässt wie kein anderer Erinnerungen verschwimmen und Grenzen auflösen, die Entschleunigung aus dem Alltag real werden und einen taumeln durch große Räume und unendlich viel Zeit.

Hundert kleine Spreearme

Willkommen also im Zur Bleiche Resort & Spa in Burg im Spreewald. Damals schon, als das 1992 vom bayerischen Hoteliersehepaar Clausing übernommene Haus nach einem Brand wieder eröffnet wurde, und nun Anno 2011 im endlich eingezogenen Brandenburger Frühling. Die noch junge Spree, die sich hier im Binnendelta des südlichen Spreewaldes in Hunderte kleine Arme, die Fließe, verzweigt, bevor sie fröhlich Fahrt aufnimmt Richtung Hauptstadt, blinkt fröhlich unter hellgrünen

Kronen neben dem Gurkenradweg. Der Hausstorch von Vetschau hat sein Nest bezogen und darf wieder vor der eigens installierten Kamera Hauptrolle bei Big Brother spielen (www.storchennest.de). Und der Hirschbrunnen aus dem 16. Jahrhundert in der Lobby plätschert im Angesicht moosgrüner Vorhänge und eines Fußbodens aus antikem Blaustein fröhlich vor sich hin.

Kamin in der Landtherme

Alles fließt, alles lebt an diesem Ort, nur die Zeit, die bleibt stehen. Eine Uhr sucht man vergeblich auf dem elf Hektar großen Hotelgelände im Stile eines Landsitzes. Es gibt sie weder in den 90 Zimmern, dem über 4000 Quadratmeter großen Wellnessbereich oder in den zwei À-la carte- und acht Hotelrestaurants, in denen sich Küchenchef Oliver Heilmeyer einen Michelin-Stern, 18 von 20 Gault-Millau-Punkten und gerade einen Platz in der exklusiven Vereinigung „L'art de Vivre" erkocht hat, in der sich 27 Gourmetresidenzen zusammengeschlossen haben.
Ja, man kann sich wirklich die Zeit nehmen und an allerlei Preisen entlangorientieren, die das sich jeglicher Sternekategorisierung verweigernde Haus in den letzten 19 Jahren redlich gesammelt hat! Aber will man das hier wirklich? Dafür knistert der Kamin im Indoor-Swimmingpool der Landtherme einfach viel zu verführerisch, locken die mindestens 50 rot-weiß gestreiften Kissen auf den Bänken rund um das Gartenhaus-Schwimmbad gleich nebenan zu sehr zur Rast und betört einen der Geruch von Ölen und Pflanzen in all den Gängen, Winkeln und Liegen zu sehr. Dazu kann der Gast sich einfach nicht sattsehen an diesem Nebeneinander von Terrakottafliesen, dicken Teppichen und Holzdielen, an Leinen, Hölzern und Binsenmatten, die Wänden und

Böden von Bleichehaus, Logierhaus und Landtherme das Gefühl gepflegter Natürlichkeit verleihen.

Schnell ist die Großstadt weit weg, und wem dieses eklektizistische Nebeneinander von Natur und Luxus nicht schon genug Entschleunigung ist, dem peitscht sie dann garantiert Dmitri ein. Der 39-jährige Russe ist der Bannik der Bleiche, also der „Saunameister" der Banja, dem sibirischen Dampfbad, in dem die Blutzirkulation des Gastes durch leichte Schläge mit Birkenzweigen belebt wird. Normalerweise. Doch Dmitri lässt den Gast lieber nur schwitzen und streicht zu diesem Zweck mit Lindenzweigen in Achterkurven über die Haut, um diese dann anschließend mit einem kräftigen Salzpeeling zu reinigen und zu glätten. Auch gut!

Aber Moment mal! War Dmitri nicht schon damals da, als die Banja gerade eröffnet wurde, denke ich so bei mir? „Früher war Slawa hier, der hat sich mittlerweile selbständig gemacht“, sagt Dmitri plötzlich, als hätte er meine Gedanken erraten. Ich hätte es wissen müssen. In der Bleiche, einst 1750 von Friedrich dem Großen tatsächlich als Bleichhaus für die Uniformen seiner Soldaten gegründet und heute ein Ferienresort mit einem Personal auf Zack, weiß man die Antworten eben schon, bevor die Fragen gestellt werden.

Eberhard von Elterlein

ZUR BLEICHE RESORT & SPA

Unterkunft

Zur Bleiche Resort & Spa
Bleichestraße 16
03096 Burg im Spreewald
Tel. 035603/620
www.hotel-zur-bleiche.com
DZ/HP ab 260 Euro

Anreise

Mit dem Auto über A13 und A15 bis Vetschau, weiter nach Burg. Mit dem Regionalexpress ohne Umsteigen nach Vetschau. Ab dort Abholung.

Auskunft

Tourismusverband Spreewald, Vetschau
Tel. 035433/722 99, www.spreewald.de

Besichtigen

Schloss Lübbenau
Schloßbezirk 6, 03222 Lübbenau/Spreewald
Tel. 03542/87 30
www.schloss-luebbenau.de

Dorf Lehde
Dorfstraße 3, 03222 Lübbenau/Spreewald
Tel. 03542/29 44
www.spreewald-lehde.de

BORCHARD'S ROOKHUS

Romantische Stunden an der Müritz

Im mecklenburgischen Wesenberg folgen wir der Ausschilderung zu Borchard's Rookhus. Links abbiegen, rechts abbiegen, noch ein Hinweisschild, wir sind immer noch richtig, aber von dem Hotel ist weit und breit nichts zu sehen. Schon sind wir raus aus dem Ort im Süden des Müritz-Nationalparks. Jetzt gibt es nur noch Wald. Links geht es vorbei am Großen Weißen See, rechts lässt sich nach einer Weile der Kleine Labussee zwischen den Bäumen erahnen. Dann endlich taucht das Rookhus auf.

Erbaut wurde das Viersternehotel am Großen Labussee 1932/33 als Kanulager. Ab den 60er-Jahren war es Jugendherberge. Ende der 80er-Jahre sollte es als Betriebsferienheim des Reifenwerks Neubrandenburg genutzt werden, doch dann fiel die Mauer, und das Gebäude stand leer. Bis Andrea und Alexander Borchard aus Bielefeld kamen und den verfallenen Bau von der Treuhand kauften. Nach einer Komplettsanierung und umfangreichen Umbauten konnte Borchard's Rookhus im April 1995 mit zehn Gästezimmern und Apartments eröffnet werden. Ein Neubau mit 35 weiteren Zimmern und Suiten folgte.

Seit 2006 gehört das Hotel zu den Familotels, einem Verband für familienfreundliche Hotels. Da wundert es nicht, dass das Hoteliersehepaar den Sonderpreis für „Familienurlaub 2008" sowie das Gütesiegel für besonders familienfreundliche Urlaubseinrichtungen des Tourismusverbandes Mecklenburg-Vorpommern erhielt. Zu den Angeboten des Hauses zählen dabei eine 48-stündige Kinderbetreuung durch ausgebildete Betreuer, 200 Quadratmeter Indoor-Spielräume, Streichelzoo, Indianerclaim mit Riesentipi, Feuerplatz und Ponykoppel mit Ponys und Esel, eine Skischule für Kleinkinder im Winter mit Skilift, Karussell und Schneekanone sowie ein autofreier Hof mit einer Bobbycar-Strecke. Ab Frühjahr 2012 gibt es ein Hallenbad mit Rutsche und separatem Babybecken.

Toben macht hungrig. In der Country Kitchen mit Front Cooking Buffet werden regionale und internationale Themenbuffets kreiert. Vom Frühstück über Lunch, Kaffee, Kuchen und Obstpause bis zum großen Abendbuffet wird man hier den ganzen Tag lang kulinarisch umsorgt. Fisch darf da natürlich nicht fehlen. „Rookhus" ist nämlich Niederdeutsch und bedeutet „Rauchhaus". Hier räucherten früher die Fischer ihren Fang aus dem fischreichen Großen Labussee – diese Tradition wird heute fortgesetzt. Mit einer Fläche von drei

Quadratkilometern gehört er zu den größeren der unzähligen Seen im Müritz-Nationalpark. Um sie zu erkunden, lädt ein 650 Kilometer weites Netz von Wander- und Radwegen vorbei an schilfbestandenen Ufern, durch Wälder, Felder und kleine Dörfer ein. Bis zum rund 30 Kilometer entfernten Käbelicksee nehmen wir dann aber doch lieber das Auto. Hier, zwischen Kratzeburg und Ankershagen, entspringt die Havel. Als kleines Rinnsal verbindet sie zahlreiche Seen, fließt als breiter Strom durch Berlin und Potsdam und mündet bei Havelberg in Sachsen-Anhalt in die Elbe.

In Ankershagen begrüßt ein Holzpferd die Besucher. Der Nachbau des Trojanischen Pferdes steht vor dem Heinrich-Schliemann-Museum und erfreut besonders Kinder: Es ist als Rutsche gebaut. Die Erwachsenen bestaunen währenddessen in dem einstigen Wohnhaus des Troja-Entdeckers die zahlreichen authentischen Sammlungsstücke. An ein dunkles Kapitel der Geschichte erinnert dagegen das nur wenige Kilometer entfernte Penzlin: Auf der Alten Burg befindet sich das Museum für Magie und Hexenverfolgung.

Auf der Heimfahrt nach Berlin lohnt sich ein Stopp im Alten Forsthaus direkt an der B 96 hinter Neustrelitz. In dem mit Gründerzeitmöbeln ausgestatteten Restaurant stehen neben heimischen

Wild- und Fischgerichten (besonders lecker sind die gegrillten Maränen mit frischem Knoblauch) auch afrikanische Speisen auf der Karte – der Chef ist Afrika-Fan. So verkauft er im Hofladen nicht nur Säfte, Konfitüren und Honig, sondern auch afrikanische Skulpturen, Kleider und Schmuck. Rita Schulze

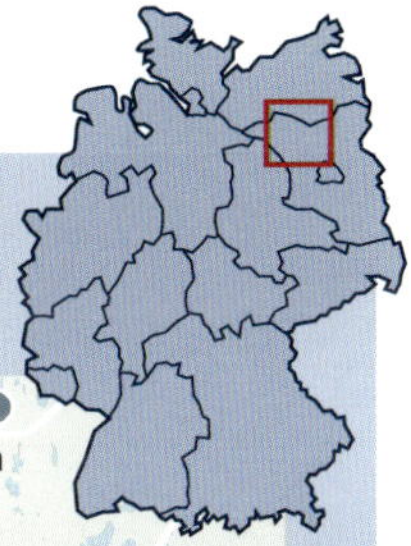

BORCHARD'S ROOKHUS

Unterkunft

Borchard's Rookhus ●
Am Großen Labussee 12
17255 Wesenberg
Tel. 039832/500
www.rookhus.de
7 Tage DZ/HP ab 800 Euro

Besichtigen

Heinrich-Schliemann-Museum, Ankershagen
Lindenallee 1, 17219 Ankershagen
Tel. 039921/32 52
www.schliemann-museum.de
April bis Oktober: Di–So 10–17 Uhr
November bis März: Di–Fr 10–16 Uhr
Sa 13–16 Uhr

Alte Burg Penzlin
Warener Chaussee 55 a, 17217 Penzlin
Tel. 03962/21 04 94
www.penzlin.de/d_burg
April: Mo–So 10–17 Uhr
Mai bis September: Mo–So 10–18 Uhr
Oktober: Mo–So 10–17 Uhr
November bis März: Mo–Fr 10–15 Uhr
Sa und So 13–16 Uhr

Anreise

A 19 Richtung Rostock bis Abfahrt Röbel, dann auf der B 198 Richtung Mirow/Neustrelitz bis Wesenberg. Oder B96 Richtung Stralsund bis Neustrelitz und weiter auf B 198 Richtung Mirow bis nach Wesenberg.

Auskunft

Tourismusverband Mecklenburgische Seenplatte, Röbel/Müritz, Tel. 039931/53 80, www.mecklenburgische-seenplatte.de

BURG SCHLITZ SCHLOSSHOTEL

Das süße Landleben des Adels

Wer sich im Grünen Salon des Schlosshotels Burg Schlitz in die weichen Sofakissen fallen lässt, möchte dabei so genüsslich schnaufen wie der Samowar, der an der Wand auf dem Tisch steht. Aber Prinzessinnen schnaufen bekanntlich nicht. Und wenn doch, dann bitteschön nicht so laut! Also lieber bloß ein dezenter Genuss-Seufzer und dann die Beine elegant über den hellen Holzfußboden ausstrecken, auf dem die Sonnenflecken zu Vivaldis „Vier Jahreszeiten" tanzen.

Der Wohnzimmertisch ist schon gedeckt: Poliertes Silberbesteck funkelt neben dem mit Goldrand und Blumenmotiv verzierten Porzellan, auf der Etagere liegen süße Scones und Sandwiches mit Lachs und Käse. Es ist kurz vor 17 Uhr – „Tea Time", wie die Briten sagen. Genau der richtige Zeitpunkt für die Tee-Sommelière, ein Tässchen einzuschenken.

Mit der Kutsche zum Luisensee

Wer das süße Leben einer Prinzessin ausprobieren möchte, für den ist Burg Schlitz in der Mecklenburgischen Schweizgenau richtig: ein hochherrschaftliches Anwesen in Hohen Demzin mit riesigem Park für sich. Hier können sich die Gäste stilgerecht mit einer Kutsche durch den Wald zum Luisensee fahren lassen. Oder sie reiten und entspannen sich beim Polo-Spiel. Oder sie spielen Golf. Oder gehen auf einsamen Wegen wandern. Wer möchte, kann sogar selbst im eigenen Revier auf die Jagd gehen. „Unsere Gäste können hier wirklich ein bisschen erleben, wie der Adel seine Zeit verbringt", sagt Hoteleigentümer Armin Hoeck, der sich selbst als Gastgeber bezeichnet. Das mag daran liegen, dass er mit seiner Frau im Hotel wohnt und jeden Besucher möglichst persönlich begrüßt. „Unsere Gäste kommen ja im wahrsten Sinne des Wortes zu uns nach Hause."

14 Zimmer und sechs Suiten

Burg Schlitz sei der ideale Ort zum Träumen, schwärmt Hoeck weiter und klingt dabei, als sei er ein bisschen verliebt. Das muss man wohl

auch sein, wenn man sein Zuhause an der Mosel aufgibt und ein derart aufwendiges Anwesen mit anspruchsvollem Publikum übernimmt.

Die gerade einmal 14 Zimmer und sechs Suiten sind luxuriös, und zwar nicht nur wegen der noblen Ausstattung (ein Berliner würde sagen: piekfein), sondern wegen der intimen Atmosphäre. Nicht umsonst fand in dem Hotel während des G-8-Gipfels das „Damenprogramm" statt, das extra für den Ehemann von Bundeskanzlerin Angela Merkel, Joachim Sauer, in „Partnerprogramm" umbenannt wurde.

Den freundlich gesinnten Gästen

Gebaut wurde Burg Schlitz von Hans von Labes (1763–1831), dem späteren Graf Schlitz. Aber erst, nachdem er seine eigene Adoptivschwester Luise geheiratet hatte. Von Labes war damals nämlich als Freiherr keine standesgemäße Partie für die von ihm angebetete Grafen-Tochter

und wurde von seinem späteren Schwiegervater deshalb kurzerhand adoptiert. Eine zeitgemäße Lösung. Schon von Labes verstand sich als Gastgeber und widmete das Haus den „Hospitibus Amicis" („den freundlich gesinnten Gästen"), wie die Portalinschrift lautet. Bis in die 30er-Jahre blieb das Haus in der Familie von Bassewitz-Schlitz, nahe Verwandtschaft des Grafen. Später kaufte es Emil Georg von Strauß, damals ein Vorstandsmitglied der Deutschen Bank und der Ufa-Filmgesellschaft. Im Zweiten Weltkrieg litt das Haus: Das kunstvolle Interieur verschwand in den Kriegswirren, Flüchtlinge verfeuerten den Holzfußboden, und russische Soldaten zerschossen die beiden ringenden Bronzebären, die als Zielscheibe für ihre Schießübungen dienten. Inzwischen wurden sie – wie das komplette Haus, das zu DDR-Zeiten als Heim für Obdachlose und Behinderte diente – wieder instand gesetzt und sind zum Markenzeichen des Hotels geworden.

Bei so vielen Dingen, die der Gast auf Burg Schlitz sehen und erleben kann, ist der wahre Luxus das süße Nichtstun und sich einmal

bedienen zu lassen. Man muss eben nicht immer einen langen Stammbaum besitzen, um sich wie eine Prinzessin zu fühlen. Und das hat auch etwas Gutes: Denn dann darf man wenigstens ungeziemend laut schnaufen wie der Samowar, ohne dass jemand gleich meckert.

Katja Mitic

BURG SCHLITZ SCHLOSSHOTEL

Anreise

Auf der A24 Richtung Hamburg, ab Autobahndreieck Wittstock auf die A19 Richtung Rostock. Ab Ausfahrt Linstow in Richtung Teterow. Auf der B108 dann den Schildern folgen. Oder mit dem Regionalexpress nach Waren, von dort mit dem Bus 231 Richtung Teterow in knapp 45 Minuten bis Burg Schlitz.

Unterkunft

Burg Schlitz Schlosshotel ●
Burg Schlitz 2
17166 Burg Schlitz
Tel. 03996/127 00
www.burg-schlitz.de
DZ/F ab 198 Euro

Auskunft

Tourismusverband Mecklenburgische Schweiz
Tel. 03994/29 97 80
www.mecklenburgische-schweiz.com

Tourismusverband Mecklenburg-Vorpommern
Tel. 0381/403 05 50
www.auf-nach-mv.de

GRAND HOTEL HEILIGENDAMM

Ein eleganter Schutzwall gegen Stress und Strapazen

Die Bauchmuskeln zucken verschreckt zusammen, als das kleine Leinensäckchen den Nabel berührt. Aber nur kurz, denn schon bald krabbelt Gänsehaut die Wirbelsäule hoch, während die Wärme des Säckchens das Chakra der Körpermitte flutet. Wer die Augen schließt, kann den Lavendelduft beinahe schmecken.

Der Masseur drückt das Säckchen bei der „Manipura"-Behandlung noch ein bisschen tiefer. Die angespannten Muskeln geben

willig nach. Die Erinnerung an den Raum im Spa des Grand Hotels Heiligendamm verschwimmt – und an dem Ort zwischen Träumen und Wachen rauscht nur noch die Ostsee, die ihre Wellen an den hellen Sandstrand spült.

Muße zum Relaxen

Wer nach Heiligendamm kommt, sollte viel Muße zum Relaxen mitbringen und das 3000 Quadratmeter große Spa ausgiebig nutzen. Denn die Philosophie von Erholung und Entspannung verfolgt die „Weiße Stadt am Meer" schließlich schon seit mehr als 200 Jahren. Damals gebot der Leibarzt des Herzogs Friedrich Franz I. von Mecklenburg-Schwerin seinem Patienten, der Gesundheit wegen regelmäßig in die Ostsee zu steigen. Gäste wie Mendelssohn Bartholdy oder Rilke folgten und kurten im ersten Seebad Deutschlands. Im Sinne des Leitspruchs „Freude

empfängt Dich hier, entsteigst Du gesundet dem Bade", der noch in lateinischen Lettern am Kurhaus prangt. Nicht umsonst bietet nebenan eine Klinik „Medical Wellness" an, damit auch vom Burn-out-Syndrom Bedrohte bestens umsorgt werden.

Natürlich geht es in Heiligendamm aber auch noch um etwas ganz anderes – nämlich um Luxus. Dem Badeort, knapp drei Autostunden von Berlin entfernt, haftet seit seiner Gründung 1793 der Ruf des Pompösen an. Dabei ist das Areal trotz G-8-Gipfels im Jahr 2007 und der damit verbundenen 81-Millionen-Euro-Investition noch nicht ganz wiederhergestellt. An der Promenade stehen mehrere Villen, aus deren bröckelnden Fassaden sich die kräftezehrenden DDR-Jahrzehnte ablesen lassen. Auch ein Hotel, das so lange ungepflegt blieb, braucht in einem Reizklima viel Zeit zur Regeneration.

Das Gefühl, auf einer Baustelle Urlaub zu machen, kommt dennoch nicht auf. Das liegt vor allem an dem Ensemble aus sechs strahlend weißen Häusern. Seit Februar 2009 ist das Haus nicht mehr Mitglied der Kempinski-Gruppe; es vermarktet sich jetzt in Eigenregie unter dem Dach der Leading Hotels of the World. Grandhotel-Atmosphäre ist also weiterhin gegeben.

Schlicht und geradlinig

Das Luxus-Image überrascht ein wenig beim Betreten der Räume, denn die Einrichtung wirkt zwar gehoben und elegant, aber nicht gerade feudal. Stattdessen zeigen sich eine Schlichtheit und Geradlinigkeit, die der Rauheit des Nordens entsprechen, das Beige des Sands und das Grün des Gespensterwaldes aufgreifen, der sich an die Bucht schmiegt. An kaum einer Stelle der Ostsee harmonieren Kontraste so schön wie

hier: Während die Stöckchen unter den Schritten im Wald knacken, blitzt zwischen den Bäumen grau schäumendes Meer auf.

Kinderclub auf drei Etagen

Auch für die Kleinen wird im Grand Hotel gesorgt. Im Kinderclub werden auf drei Etagen diejenigen unterhalten, die sonst ständiger Obhut und Aufmerksamkeit bedürfen. Mit der Westernstadt im Kleinformat, mit Kinderkino oder -restaurant vergnügen sich die Kleinen auch einmal ohne Eltern. Und diesen ist eine Pause vergönnt, um im Strandkorb zu kuscheln.

Oder im Gourmetrestaurant Friedrich Franz, in dem der mit einem „Michelin"-Stern und 17 „Gault Millau"-Punkten ausgezeichnete Ronny Siewert am Herd steht, ein Candle-Light-Dinner ohne Kinderteller zu genießen. Oder auf dem Balkon einfach ein Glas guten Rotwein zu trinken und dabei den Horizont zu suchen. Oder auf der Spa-Terrasse im Bademantel die letzten Strahlen der Sonne auf den Wellen tanzen zu sehen.

Und sehr schnell merken die Gäste, was den bislang wahren Luxus an Heiligendamm, in diesem Schutzwall gegen Stress und Strapaze im Alltag, ausmacht: Ruhe und Sorglosigkeit – zumindest für ein paar Stunden.

Katja Mitic

GRAND HOTEL HEILIGENDAMM

Anreise

A 24 Richtung Rostock, weiter über Bad Doberan bis Heiligendamm. Mit der Bahn über Wismar und Bad Doberan (www.molli-bahn.de).

Auskunft

Stadt Bad Doberan, Severinstraße 6
18209 Bad Doberan, Tel. 038203/91 50,
www.bad-doberan.de

Besichtigen

Münster Bad Doberan
Klosterstr. 2
18209 Bad Doberan
Tel. 038203/627 16
www.muenster-doberan.de
Mai bis September:
Mo – Sa 9 – 18 Uhr, So 11 – 18 Uhr
März, April und Oktober:
Mo – Sa 10 – 17 Uhr, So 11 – 17 Uhr
November bis Februar:
Mo – Sa 10 – 16 Uhr, So 11 – 16 Uhr

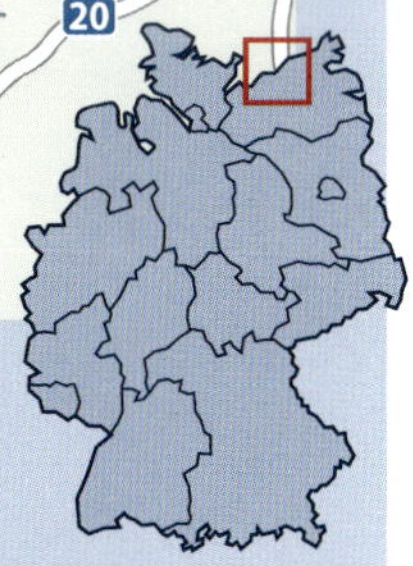

Unterkunft

Grand Hotel Heiligendamm ●
Prof.-Dr.-Vogel-Straße 6
18209 Bad Doberan – Heiligendamm
Tel. 038203/74 00
www.grandhotel-heiligendamm.de
DZ/F ab 190 Euro
Juniorsuite ab 260 Euro

HOTEL GUTSHAUS STELLSHAGEN

Biokost im herrschaftlichen Gemäuer

Auf einer alten Kastanie vor der Rezeption sitzt ein Waldkäuzchen und schreit in ohrenbetäubender Lautstärke. Über den Feldweg daneben spaziert eine schwarz-weiße Katze und miaut, im Unterholz raschelt eine Haselmaus auf der Suche nach Wintervorräten. Willkommen in der abendlichen Geräuschkulisse auf dem Gelände des Gutshauses Stellshagen. Es liegt inmitten der hügeligen Landschaft des Klützer Winkels in Mecklenburg, nur wenige Kilometer vor der Ostseeküste

entfernt. Alte Kastanienalleen führen zum Hotel, Schnee weht über die Straßen, und links und rechts ruhen verschneite Felder. Das Gut liegt auf einer kleinen Anhöhe, von der aus man in die Ferne blicken kann.

Eigene Felder und Gärten

Das Gutshaus Stellshagen hat außer Ruhe und Erholung einige Überraschungen zu bieten. Zum Beispiel seine vegetarische Küche, die nach ökologischen Gesichtspunkten geführt wird. Knapp die Hälfte der Lebensmittel stammt von den eigenen Feldern und aus den gutseigenen Gärten – alles bio natürlich. Auch die Einrichtung stammt aus ökologischer Erzeugung. Die Hotelwäsche wird in der eigenen Wäscherei gewaschen, das Brot in der eigenen Bäckerei gebacken. Auch die Hackschnitzel werden für die Heizung produziert. Die beiden Hofläden verkaufen Biolebensmittel, diverse Geschenke und Deko-Artikel.

Das 1925 gebaute Haupthaus thront über einem großen Teich, der eingerahmt ist von alten Weidenbäumen. Auf dem gesamten Grundstück stehen einige neu gebaute Häuser, in denen Zimmer, das Gesundheitszentrum und Tagungsräume untergebracht sind. Unter anderem werden hier regelmäßig ayurvedische Kochkurse veranstaltet. Insgesamt 58 Zimmer und vier Ferienwohnungen werden im Hotel Gutshaus Stellshagen angeboten. Die Zimmer sind sonnendurchflutet und zum Teil lehmverputzt, manche direkt am Kräutergarten gelegen.

Blick von der Sauna in die Landschaft

Von großer Wichtigkeit im Hotelbetrieb ist der großzügige Ayurveda-Bereich im Haupthaus. Zehn Heilpraktiker sind hier beschäftigt. Im schwedisch-roten Saunahaus gibt es unter anderem eine finnische

Sauna, eine Biosauna und ein Tecaldarium (ein klassisches römisches Schwitzbad) mit Wärmebänken, von denen aus man durch große Scheiben in die Landschaft schaut. Dick verschneit sind die Felder unterhalb des Hügels, an dem auch die Langlaufloipe vorbeigeht – direkt neben den zwei Whirlpools und dem Naturschwimmbad.

Im Winter wird hier bei entsprechenden Temperaturen Schlittschuh gelaufen. „Manchmal hacken sich die Gäste mit einem Eispickel ein Loch in das Eis und gehen bei der Kälte baden", sagt Hotelchefin Ute Siegmann.

Eine entscheidende Rolle im Hotel spielt das Essen. „Was morgens auf dem Feld steht, steht abends auf dem Tisch", sagt Küchenchefin Marlies Spieß und lacht. „Und zum Abnehmen sollte man übrigens nicht hierherkommen." Die 48-Jährige hat recht. Die Stellshagener Küche ist so berühmt, dass Tagesausflügler aus Berlin und Hamburg anreisen. Und für Nicht-Vegetarier ist es unter Umständen äußerst überraschend, wie vielseitig und geschmacksintensiv man vegetarisch essen kann – dreimal am Tag mit üppigem Buffet. Besonders beliebt ist das große Frühstücksbuffet. Den Hotelgast erwarten insgesamt fünf Buffettische mit beeindruckendem Blumenschmuck und farbenfrohem Essen. Allein 30 verschiedene Käsesorten gibt es – von Kuh, Ziege und Schaf, mit und ohne Lactose und auch für Allergiker. Selbst gebackene Brot- und Brötchensorten – einige davon sind glutenfrei – gehören ebenso zum Frühstück wie hausgemachte Aufstriche und Marmeladen sowie diverse Teesorten.

Sechs Hektar große Landwirtschaft

Die Hotelbar und einer der beiden Speiseräume im Haupthaus sind in edlem Holz getäfelt. Durch die hohen Fenster blicken die Gäste auf die große Terrasse. Zu Mittag und zu Abend gibt es mindestens fünf warme Gerichte, viele verschiedene Salate, Suppen, Nachtische und Käse – angereichert mit Kräutern und Gewürzen aus dem Kräutergarten, der vom 80 Jahre alten Gärtner Fritz versorgt wird. Der Gemüseanbau, die

Gewächshäuser und die Streuobstwiese sind Teil der sechs Hektar großen Landwirtschaft, die seit 1995 zu Bioland gehört.

Karoline Beyer

HOTEL GUTSHAUS STELLSHAGEN

Unterkunft

Hotel Gutshaus Stellshagen
Lindenstraße 1
23948 Stellshagen
Tel. 038825/440
www.gutshaus-stellshagen.com
DZ/F ab 78 Euro

Besichtigen

Schloss Bothmer
Schlossstraße 1, 23948 Klütz
Tel. 038825/39 30
www.schloss-bothmer.info
November bis März: Mo – So 10 – 16 Uhr
März und Oktober: Mo – So 10 – 18 Uhr
April bis September: Mo – So 10 – 20 Uhr

Literaturhaus „Uwe Johnson"
Im Thurow 14, 23948 Klütz
Tel. 038825/223 87
www.literaturhaus-uwe-johnson.de
April bis Oktober: Di – So 10 – 17 Uhr
November bis März: Do – So 10 – 16 Uhr

Steinzeitdorf Kussow
Kussower Weg 9, 23948 Kussow
Tel. 03881/71 50 55
www.steinzeitdorf-kussow.de
April bis Oktober: Mo-So 10 – 17 Uhr,
November bis März: Mo – Do 9 – 15 Uhr

Anfahrt

A 24, A 14 bis Kreuz Wismar. A 20 bis Grevesmühlen, dort rechts Richtung Damshagen. Dort links Richtung Stellshagen. In Stellshagen auf die Lindenstraße. Mit dem Regionalexpress über Bad Kleinen bis Grevesmühlen. Shuttle zum Hotel (Voranmeldung!).

Auskunft

Amt Klützer Winkel
Tel. 038825/39 30
www.kluetzer-winkel.de

HOTEL HAFERLAND

Auszeit an der Ostsee: Genuss unterm Reetdach

Unglaublich, wie viel Kraft Morgensonne haben kann. Sie taucht die Frühstücksterrasse des Hotels Haferland in ein Licht, das so atemberaubend hell ist, dass es die Fassade unter dem Reetdach noch weißer erscheinen lässt. Genauso wie die Möwen, die am leuchtend blauen Himmel schweben. Der Blick folgt ihrem Flug hinüber zum Bodden, während die innere Urlauberuhr auf absolute Entspannung schaltet. Im kleinen Hafen von Wieck auf der Halbinsel Fischland-Darß-Zingst schaukeln Segelboote gemächlich vor sich hin. Ihre Masten klirren wie ein angenehmer Singsang in der leichten Brise.

Betört von der Szenerie, möchte sich der Hotelgast am liebsten stundenlang durch das Bio-Frühstück probieren. Kann er auch. Bis 13 Uhr werden selbst gebackene Brote, Haferland-Müsli, Obstsalat, regionale Käse- und Wurstspezialitäten, frische Aufstriche und Eierspeisen aufgetischt. Eine willkommene Einladung für Langschläfer und solche, die es werden wollen. Das passiert in den bequemen Betten fast automatisch. Ohnehin fühlt sich der Gast in den 14 Apartments und 32 Doppelzimmern sofort wie zu Hause. Viel Holz und farbenfrohe Sitzgruppen verleihen ihnen eine gemütlich-rustikale Note.

„Mit allen Sinnen und mit Bedacht genießen" lautet die Hotelphilosophie von Bernd Evers und seiner Frau Martina, was das Bioland-Schild am Eingang unterstreicht und von all den aufmerksamen Haferland-Geistern täglich gelebt wird. Die einen greifen dafür zu Leinwand und Pinsel, um die Wände mit geschmackvollen Gemälden zu verschönern. Andere wie Jutta Kunzemann rühren zusammen mit der Hausherrin exotische Marmeladenfreuden aus beispielsweise grünen Tomaten, Kiwi und rotem Pfeffer an.

Kamin im Ruheraum

Sylvia Schilling dagegen verwöhnt Entspannungssuchende mit sanft knetenden Händen in der Gesundheitsscheune. Dort sind neben Massage- und Kosmetikbereich auch Dampfbad, Finnensauna, Whirlwannen sowie ein großzügig angelegtes Hallenbad untergebracht. Wer nach dem Schwimmen im 28 Grad warmen, leicht salzigen Wasser alle viere von sich strecken möchte, kuschelt sich vor den Kamin im Ruheraum

oder sinkt direkt auf die Liegen am Indoorpool mit Blick in den wilden Hotelgarten. Dieses 28 000 Quadratmeter große Biotop steckt voller Oasen, Teichwunder und kuscheliger Rückzugsorte. Die vielen Kräuter und essbaren Blumen kommen im grünen Restaurant zum Einsatz. Lars Janke, der im vegetarischen Restaurant Bajazzo auf hohem Niveau kocht, führt seit kurzem durch vegetarische Kochkurse in der Ersten Darßer Kochschule. Köstliche Fleisch- und Fischspezialitäten, vorwiegend zubereitet aus Produkten der Region und aus ökologischem Anbau, stehen wiederum in der ländlich-feinen „Guten Stube" im Erdgeschoss und im rustikalen „Fass 36" im Keller auf der Speisekarte.

Entdeckungstour mit Skipper

Zugegeben, wer im Haferland eincheckt, hat alle Annehmlichkeiten unterm Reetdach vereint. Doch es wäre zu schade, auf dem Darß zu sein und nicht auf Entdeckungstour zu gehen, zum Beispiel mit Skipper Rudi Hinrich. Vom malerischen Wiecker Hafen aus hisst er die rotbraunen Zweimastsegel seiner betagten „Marie Luise“. Früher fuhren Boddenfischer mit dem traditionellen Zeesboot hinaus aufs Wasser, heute entführt Rudi an die schönsten Ecken der Küstenregion und weiß Seemannsgarn zu spinnen.

Wen es anstelle des Boots aufs Rad zieht, der kann sich im Haferland eines leihen und vor dem Hotel starten. An Reetdachkaten vorbei führt der Weg mitten durch die Felder hinein ins Fischer- und Seefahrerdorf Prerow am fünf Kilometer langen und bis zu 80 Meter breiten, feinsandigen Nordstrand, einem der größten FKK-Strände Deutschlands. Wer es etwas lebhafter mag, den zieht es weiter in das beliebte Ostseeheilbad Zingst, östlichste Gemeinde der Halbinselkette Fischland-Darß-Zingst.

Westlich von Prerow liegt dagegen der urwüchsige Darßwald mit dem Weststrand. Hierhin verschlägt es diejenigen, die Einsamkeit suchen, gibt es rund um die typischen zerzausten Baumwipfel doch lediglich Wind, Himmel, Gräser und Wellen, die täglich Sand vom Weststrand abtragen und anschließend am Nordstrand ablagern.

Anja Reinbothe

HOTEL HAFERLAND

Unterkunft

Hotel Haferland ●
Bauernreihe 5 a
18375 Wieck auf dem Darß
Tel. 038233/680
www.hotelhaferland.de
DZ/F ab 129 Euro

Besichtigen

Segeln mit Rudi Hinrich
Tel. 0172/624 09 73

Restaurant Räucherhaus
Hafenweg 6
18347 Ostseebad Ahrenshoop
Tel. 038220/69 46
www.raeucherhaus.net

Galerie Kunstkaten
Strandweg 1
18347 Ostseebad Ahrenshoop
Tel. 038220/803 08
www.kunstkaten.de
Mo–So 10–13 Uhr u. 14–18 Uhr

Anreise

Mit dem Auto auf der A 24 bis Wittstock, A 19 bis Rostock-Ost, weiter auf der B 105/L 21 oder mit Berlin Linien Bus (www.berlinlinienbus.de) nach Wieck.

Auskunft

Tourismusverband Fischland-Darß-Zingst
Tel. 038324/64 00, www.tv-fdz.de

IFA GRAAL-MÜRITZ HOTEL

Ferienversteck im Kiefernwald

Tja, da steh ich nun, ich armer Tor! Und bin so klug ..., na ja, Sie wissen schon. Habe mich doch brav an die Radfahrkarte durch die Rostocker Heide gehalten, bin über Teerofenweg und Pöstenschneise immer gen Süden gefahren, um zum Jagdschloss Gelbensande zu gelangen. Hab extra nicht auf die stark befahrene B105, sondern durch die schöne, grüne Pampa gewollt zu der einstigen Residenz der mecklenburgischen Landesfürsten. Bin auch abgebogen beim Richtungsschild Gelbensande

– und an der nächsten Kreuzung? Nichts mehr! Kein Hinweis, kein anderer Radfahrer, keinerlei Hilfe an diesem Sonntagmittag! So bin ich nun ganz allein auf weiter Flur – und stehe sprichwörtlich im Regen!

Der Duft von Harz und Salz

Soll man so einen Ausflugstipp beginnen? Natürlich. Weil hier oben an der Ostseeküste selbst die misslichste Situation ihren Reiz hat. Die Rostocker Heide war zwischen 1945 und 1990 militärisches Sperrgebiet. Von diesem rauen Charme erzählen noch heute die weitgehend unbefestigten Radwege, die mit dem herben Duft von Harz und dem Salz der Ostsee in der Nase zu befahren eine reine Freude ist.

Nachzulesen ist die Geschichte der Rostocker Heide im Forst- und Köhlerhof in Wiethagen, dem ersten (noch problemlos erreichten) Ausflugsziel an diesem Radel-Sonntag. Einst fanden die Köhler im reichen Kiefernbestand Stoff zur Herstellung von Teer und Kohle, heute wird im Köhlerhof noch drei- bis viermal jährlich Teer hergestellt. Ein Modellpark mit 13 Verschwelungsanlagen zeigt schulklassentauglich, wie das so geht mit der Trockendestillation von Holz.

Ein sehenswertes, anspruchsvolles Ausflugsziel mitten im tiefen Walde, da gilt es ausgeruht hinzugehen. Am besten tut man dies im IFA Grand Hotel Graal-Müritz, das sich seit seiner Renovierung im Juni 2007 stolz IFA Graal-Müritz Hotel, Spa & Tagungen Superior nennt und ein wunderhübsches Ferienhotel zwischen Kiefernwäldchen ist, ganze 50 Meter vom Strand entfernt. Der Wellnessbereich (1500 Quadratmeter) bietet neben dem großen, 30 Grad warmen Schwimmbecken noch drei verschiedene Saunen, ein Solarium sowie viele attraktive Massage- und Kosmetikangebote.

Abends schaut man dann im stilvollen Restaurant Orangerie hinaus in den illuminierten Innenhof und zurück auf einen gelungenen Tag, an dem man noch alle Sehenswürdigkeiten mit dem Leihrad problemlos erobern konnte. Da haben wir uns an der Blütenpracht des Rhododendronparks erfreut. Sind nach Neuheide gestrampelt, wo mit Naturschatzkammer und Paradiesgarten samt Pilzmuseum ein „Insider-Tipp" des Marco Polo Reiseführers wartet, wie wir diversen Hinweisschildern entnahmen. Tatsächlich findet sich hier die ganze Schatzkammer der Natur – von 2000 Edelsteinen (vom roten Wassermelonenturmalin aus Brasilien bis zum grünen Malachit aus Zaire) bis zu 400 Pilzsorten (vom giftigen Grünling bis zum essbaren Frostschneckling). Das Gebäude umschließt ein kleiner Garten mit weißen Steinfiguren und Goldfischteich.

Käsetorte und Kafka

Aus dieser natürlichen Märchenwelt sind wir nach Dierhagen gefahren und haben uns im „Strandhaus Orange Blue" butterweiche Käsetorte schmecken lassen, bevor wir die gut sechs Kilometer zurück nach Graal-Müritz radeln. Haben uns dann im Wellnessbereich unseres Hotels entspannt. Und das haben wir auch einen Tag später gemacht, wo wir statt in Gelbensande im vollgepackten Heimatmuseum Graal-Müritz gelandet sind. Zwischen Schweriner Trachten, impressionistischer Heimatmalerei, Kochlöffeln, Urkunden und ausgestopften Silbermöwen findet sich ein Satz des hier kurenden Franz Kafka an seinen Freund Robert Klopstock: „Das Meer machte mich in den ersten Tagen glücklich." Dem können wir nur zustimmen.

Eberhard von Elterlein

IFA GRAAL-MÜRITZ HOTEL

Unterkunft

IFA Graal-Müritz Hotel ●
Waldstraße 1
18181 Graal-Müritz
Tel. 038206/730
www.ifa-graal-mueritz-hotel.com
DZ/F ab 122 Euro

Besichtigen

Forst- und Köhlerhof Wiethagen
18182 Rostock-Wiethagen
Tel. 038202/20 35
www.koehlerhof-wiethagen.de
4. April bis 4. Oktober: Di – Fr 9 – 17 Uhr
Sa und So 10 – 17 Uhr
5. Oktober bis 16. Dezember:
Di – Fr 9 – 16 Uhr, So 10 – 16 Uhr

Naturschatzkammer
Ribnitzer Landweg 2
18311 Neuheide
Tel. 038206/799 21
www.naturschatzkammer.m-vp.de
Mo – So 9 – 17 Uhr

Anreise

Mit dem Auto über die A24 bis Autobahndreieck Wittstock, A19 bis Rostock-Nord, L 22 bis Graal-Müritz. Mit dem Regionalexpress bis Rostock, weiter mit der Regionalbahn bis Graal-Müritz.

Auskunft

Tourismus und Kur GmbH, Graal-Müritz
Tel. 038206/70 30
www.graal-mueritz.de

MALVENHAUS USEDOM

Im kleinsten Seebad Usedoms

Sie heißen „Künstlerhaus“ oder „Sonnenhaus“, „Mein Traum“ oder (immerhin stolze 15 Gehminuten vom Strand entfernt!) „Haus am Meer“. Die ausnahmslos hübschen Ferienhäuser im Süden Zempins, dem mit knapp 1000 Einwohnern kleinsten Seebad auf Usedom, tragen vielversprechende Namen.

Warum also in die Ferne schweifen? Das sieht auch Familie Haupt so: „Wozu Karibik, wenn es doch hier in Zempin alles gibt: weißen

Sandstrand, klarstes Wasser und heiße Sonne – und dazu noch das tolle Malvenhaus“, schreibt sie ins Gästebuch unseres Feriendomizils. Hierhin, in dieses Malvenhaus, sind wir also geflüchtet aus der Hektik der Großstadt und in die Nachbarschaft all der anderen Sonnen- und Sinnsucher aus ganz Deutschland. Nun gut, das mit der heißen Sonne, das stimmt jetzt nicht mehr so ganz, aber ansonsten? Das Haus ist großartig, weil es einen poetischen Namen hat und die Malve als Namensgeber purpurrot vor dem Haus wächst. Weil ein attraktiver Flechtzaun nicht nur einen sonnenüberfluteten 650 Quadratmeter großen Garten beschützt, sondern auch eine kleine Kräuterecke in selbigem liegt mit Basilikum und Zitronenthymian, mit Oregano, Rosmarin und Petersilie. Weil das im Stil der örtlichen Fischerhäuser gehaltene Reetdach-Domizil auf seinen 100 Quadratmetern von den erdfarbenen Fliesen in der Küche über die gar nicht kitschigen Strandgemälde an den Wänden bis zu der geflochtenen Ente im Bad sowohl Liebe zum Detail als auch Nähe zur Natur verrät. Und weil die Kinder oben im „Relaxraum“ DVDs schauen können, während sich unten die Erwachsenen in der Sauna entspannen.

Bodenständig und naturnah

Nun gut, mag der gemeine Urlauber denken, das gibt es auch in anderen Ferienhäusern. Stimmt, aber in Zempin passt das alles so schön zur natürlichen Umgebung. Hier wird keine Haute Couture vor einer Seebrücke präsentiert (weil das kleine Seebad auch nur in den 30er-Jahren mal eine solche hatte, die aber alsbald verfiel) oder Scholle zu gesalzenen Preisen an der Promenade stilvoll zu Munde geführt. Sondern sich in Cordhosen das Rad bei Rolf Magosch in der Wald- oder bei Reineckes in der Fischerstraße ausgeliehen und des

Abends ein vorzüglicher, am Morgen frisch gefangener und bei Familie Schätzchen in der Fischerstraße erstandener Zander in die Pfanne gehauen. Bodenständig, naturnah – dieses Wort umweht hier jeden Gast wie der Wind den Wanderer entlang des Achterwassers.

Denn an keinem Ort auf Usedom sind das Achterwasser und das Meer so nah beieinander wie hier im Norden der Insel. Gerade einmal gemütliche 30 Minuten geht man in Zempin vom bescheidenen Achterwasser-Hafen zum kleinen Kurplatz an der Küste. Und ein „Orts- und Naturlehrpfad" führt in nur 90 Minuten zu allen Sehenswürdigkeiten vom Schilfrohr bis zum Sandstrand. Vorbei am Dorfkern mit alter Schule und Feuerwehr geht es entlang des Achterwassers unter Schwarzpappeln und Weiden. Vorbei an Beifuß, Gemeiner Grasnelke und Huflattich bis zu einem märchenhaften Farnenmeer in der „Hexenheide" vor der Küste. Schautafeln erklären Kräuter und Blumen, und man lernt, sich an kleinen Dingen zu erfreuen wie einem Admiral auf einer Brennnessel.

Nicht exotisch genug? Es geht auch anders. Nur zwei Bahnstationen weiter wartet mit dem Schmetterlingspark Trassenheide „Europas größte Schmetterlingsfarm" (O-Ton Veranstalter). Auf 5000 Quadratmetern lässt sich hier bei Treibhaustemperaturen so Exotisches wie ein Blauer Morpho bei der Paarung auf einem Mangobaumblatt oder die

Balz zweier Königs-Schwalbenschwanz-Männchen um ein Weibchen auf einer Lantana-Blüte beobachten. Schweißgebadet verlässt man das Treibhaus voller Eindrücke.

Karibik? Pah! Die holen wir uns hierher! Und wohnen in Häusern, deren Namen schon pure Verheißung sind, hier in Zempin auf Usedom, das man nach nur wenigen Tagen schon als anderer Mensch verlässt, als der man gekommen ist.

Eberhard von Elterlein

MALVENHAUS USEDOM

Unterkunft

Malvenhaus Usedom
Zu den Karlsbergen
17459 Zempin
Tel. 04651/445 52
www.usedom-malvenhaus.de
eine Woche ab 650 Euro

Besichtigen

Schmetterlingspark Trassenheide
Wiesenweg 5, 17449 Trassenheide
Tel. 038371/282 18
www.schmetterlingsfarm.de/usedom
März bis Oktober: Mo – So 10 – 19 Uhr
November bis Februar: Mo – So 10 – 17 Uhr

Auskunft

Fremdenverkehrsamt Seebad Zempin
Tel. 038377/421 62, www.seebad-zempin.de

Anreise

Auf der A 20 bis Gützkow, weiter über Wolgast bis Zempin. Mit IC bis Züssow. Weiter mit der Usedomer Bäderbahn (Tel. 038378/271 32, www.ubb-online.com) bis Zempin. Per Bus (www.berlinlinienbus.de) vom ZOB und Ostbahnhof nach Zempin.

MARITIM HOTEL KAISERHOF

Schneevergnügen auf Usedom

Tante Frida traut sich nicht so recht hinein. Sie streckt ihren nackten Zeh Richtung Außenpool, bleibt jedoch regungslos in dieser Position. Bei den derzeitigen Außentemperaturen auf Usedom kann man das Zögern gut verstehen, aber dass sie dabei so tapfer im windumtosten Sommergarten mit schönstem Blick auf weiße Landschaft und schäumende Ostsee verharrt, kann wohl nur eine Puppe wie sie mit stoischer Ruhe ertragen. Denn jetzt, wo die Zeit der Badegäste vorbei ist und die

Hotels auf Usedom zu Wellness- und Wohlfühlurlaub einladen, ist nur den Neujahrs-Eisbadern von Heringsdorf oder Ahlbeck die kalte See zu empfehlen. Der Rest mummelt sich ins Warme.

Höchste Dichte an Wellnesshotels

Dass dabei Wellness gerade auf Usedom besonders gut und besonders qualifiziert ist, haben wir sogar schriftlich. Denn die Ostseeinsel hat nach Angaben des Schweriner Wirtschaftsministeriums die höchste Dichte an zertifizierten Wellnesshotels in Europa – exakt 13 Häuser. Liebt man Großzügigkeit in der Ausstattung, einen 20-Meter-Indoorpool, Extravaganzen vom leibhaftigen Tee-Sommelier bis zum Stutenmilchbad und steht man zudem eher auf junges Publikum, ist das Vier-Sterne-Superior-Haus Ahlbeck Hotel & Spa genau richtig. Mag man es eher traditionell (gedeckte Farben, ein vielseitiges Wellnessangebot vom klassischen Salzwasserschwebebad bis zu einer wirklich sensationellen Hand- und Armmassage – ja, auch das gibt es), kommt man sicherlich am Kaiser Spa Hotel zur Post in Bansin nicht vorbei.

Wintergarten mit Weingläsern

Wir haben uns aber für das Maritim Hotel Kaiserhof in Heringsdorf entschieden; und das nicht nur, weil es gerade einmal 20 Meter vom Strand entfernt liegt und für Familien gut geeignet ist. Sondern weil es hier Tante Frida gibt. Und dass es sie gibt, liegt daran, dass das Hotel Kaiserhof einem Privatmann gehört, dessen Haus die Hotelkette Maritim nach dem Franchise-Prinzip führt.

Gerd Seele hat als Architekt und Bauherr das 1997 gebaute Hotel zu einem Ort des Sehens, Entdeckens und Staunens gemacht – dazu gehören neben den 143 komfortabel eingerichteten Zimmern und Suiten, dem Restaurant Palmengarten und einer Café-Lounge im Wintergarten mit Lüstern aus umgedrehten Weingläsern, einem verglasten Kamin und einer umfangreichen Bibliothek auch zahllose Kunstwerke. Menschengroße Puppen wie Tante Frida auf dem 2006 errichteten Sonnengarten oder Tante Amelie mit Dackel in der Lobby. Außerdem Designstühle, -sessel, -sofas aus der Vitra-Design-Museum-Kollektion, dazu diverse Vogelhaus-Unikate, Lampenschirme in Blütenform mit Reißverschluss und – besonders hübsch – eine „Kaiserstuhl" genannte Toilette aus Holz mit hoher Lehne wie ein Thron.

Aber wir waren ja beim Thema Wellness, und da setzt der Kaiserhof ganz aufs Meer. Thalassoplus heißt eine intensive Beratung und Therapie mit Algen. Aus den 80 Eigensorten des Hauses wird eine Algenpaste gemischt und auf den Körper aufgetragen, dieser in eine Folie gewickelt und in ein Schwebebad gesetzt – die Folge: eine entschlackte und gestraffte Haut – und ein entspanntes Wohlgefühl.

Jeder fünfte Gast macht Wellness

Das ist nicht wenig: Schließlich ist es das, was Wellnessurlauber erreichen wollen. Und diese werden immer mehr: Immerhin sind bereits 21 Prozent aller Touristen in Mecklenburg-Vorpommern Wellnessurlauber. Und sie werden immer wichtiger. Weil das schlechte Wetter Usedom in den letzten Jahren die Bilanz verhagelt hat, muss man die Gäste ins Innere locken. Aber man hat ja mit der Rügener Kreide, dem Doberaner Moor und der Heringsdorfer Heilsole die besten Heilmittel im Boden.

Und alle Möglichkeiten, das Draußen nach drinnen zu holen. So kann man einerseits in Bansin eine anderthalbstündige Klimawanderung machen und wertvolle Aerosole aufnehmen und so sein Immunsystem stärken. Man kann sich aber auch im Kaiserhof einfach in die Meeresklimakabine setzen und 20 Minuten von hoch konzentrierter Meeresluft fein berieseln lassen – der Effekt ist derselbe. Ein Spaziergang im Sitzen: Das würde selbst Tante Frida gefallen.

Eberhard von Elterlein

MARITIM HOTEL KAISERHOF

Anreise

Auf der A20 bis Gützkow, B111 nach Wolgast und weiter auf die Insel. Oder A 20 bis Friedland, B197 bis Anklam, B109/B110 über Zecherin. Mit der Bahn bis Züssow, weiter mit der Usedomer Bäder-Bahn (www.ubb.de).

Unterkunft

Maritim Hotel Kaiserhof
Strandpromenade
17424 Seebad Heringsdorf
Tel. 038378/650
www.maritim-usedom.de
DZ/F ab 110 Euro

Besichtigen

Korbwerk Heringsdorf
Strand- und Terrassenkörbe
Waldbühnenweg 3
17424 Seebad Heringsdorf
Tel. 038378/46 50 50, www.korbwerk.de

Auskunft

Usedom Tourismus, Seebad Bansin
Tel. 038378/47 71 10
www.usedom.de, www.insel-usedom.net
www.drei-kaiserbaeder.de

ROBINSON CLUB FLEESENSEE

Mit oder ohne Gören nach Göhren

Der Boden ist federnd weich. Vereinzelte umgestürzte Bäume scheinen ihrem Schicksal überlassen, hier und da hat sich ein Pilz den Weg aus dem samtigen Moos gebahnt. Auf einmal sind die Fichten gewichen, und ausschließlich Laubbäume bilden den Forst. „Zum Burgwall" deutet die dunkle Schrift auf einem Holzbrett. Der Wind, der über den nahen Fleesensee zieht, lässt die letzten Herbstblätter rauschen. Ganz in der Nähe ächzt ein größerer Baum. Es klingt wie ein wehklagendes Wimmern.

Und plötzlich kann man sich vorstellen, dass der Burgwall Heimstätte von „Ünnerierdschen“, von Unterirdischen, gewesen sein soll. Sagenhaft. Der Wall aus der Slawenzeit wurde auch „Wiwerbarg“, Weiberberg, genannt. Die Zwerge wurden auch als kleine hässliche Frauen gedacht, die nachts in Malchow in den Häusern gebraut und gebacken, aber auch gesungen und sich vergnügt haben sollen.

Wall aus der Slawenzeit

Eine Tafel an dem überwucherten Wall, der sich gut zehn Meter über dem flachen Laubwald erhebt, klärt auf: „... Aus Mitleid zu der Witwe des Pritzbuer (den Heinrich im Jahr 1164 aufhängen ließ – Anm. d. Red.) und der Kinder des Gamm soll Heinrich der Löwe Folgendes verfügt haben: ‚Dit sall for dat Wif sein, un dit för de Gören.‘ Die Witwe bekam den Burgwall und die Kinder des Gamm den Ort Göhren als Eigentum zugesprochen. Nachweislich gehörte der Familie Gamm bis ins 17. Jahrhundert das Gut Göhren“, lässt das Landesamt für Bodendenkmalpflege Mecklenburg-Vorpommern den staunenden Spaziergänger wissen, der sich noch über bizarr geformte Äste wundert, die waagerecht von den alten Eichen und Buchen wachsen – Bäume so mächtig, dass sie wohl drei Mann mit ausgestreckten Armen kaum umfassen könnten.

Für Golfer und Kanuten

Die Gamm-Kinder also nach Göhren. Rund 850 Jahre später befindet sich um den kleinen Ort Göhren-Lebbin mit etwa 630 Einwohnern nichts Geringeres als Deutschlands größte Ferien- und Freizeitanlage.

Auf dem 550 Hektar großen „Land Fleesensee“ fühlen sich aber nicht nur „Gören“ wohl. Es kommen Familien, Paare, Singles, Alte und Junge, Radfahrer, Wanderer, Golfer, Reiter, Segler, Kanuten, Tennisspieler, Harleyfahrer oder auch Hobbyköche. Allesamt erholungsbedürftig. Aus nah und fern. Vorrangig sieht man auf den Parkplätzen aber Autos mit Berliner, Hamburger und Hannoveraner Kennzeichen stehen – für diese Städte lohnt sich bei der Kürze der Anreise auch mal ein Wochenende, eine kleine Flucht.

Neugierige, die schon immer mal „zwanglosen Cluburlaub“ ausprobieren wollten, „wagen“ sich in den einzigen Robinson Club auf deutschem Boden. Golfer, die mit dem Ergebnis der Trainerstunde in der Golfschule nicht zufrieden sind, erhalten die Unterrichtsgebühr oder einen selbst festgelegten Teilbetrag zurück. Wellness-Anhänger genießen die wohlige Wärme und Behandlungen im „WellFit“-Bereich des Robinson Clubs oder das „GoldenSpa“ im Radisson Resort Schloss Fleesensee.

Mit dem Bus an den See

Nur den Fleesensee selbst sieht man von dem großen Urlaubsareal aus eigentlich nie. Man sollte schon einen der Shuttle-Busse nehmen, um in nur wenigen Minuten an den See zu gelangen. Man muss das „Land Fleesensee“ eigentlich gar nicht verlassen, so vielseitig sind die Angebote. Und doch: Es gibt vieles zu erkunden. Das wussten schließlich schon die „Ünnerierdschen“.

Michael Hegenauer

ROBINSON CLUB FLEESENSEE

Anreise

Mit dem Auto über die Autobahnen A 24 und A 19 bis Ausfahrt Waren, dann weiter auf der B 192 (der Beschilderung nach Göhren-Lebbin folgen).

Auskunft

Land Fleesensee Tourismus Marketing GmbH
Marktplatz 12, 17213 Göhren-Lebbin
Tel. 0800/180 61 11, www.fleesensee.de

Unterkunft

Robinson Club Fleesensee ●
Penkower Straße 2
17213 Göhren-Lebbin
Tel. 039932 /802 00
www.robinson-fleesensee.de
DZ/VP, Sport- und Unterhaltungsprogramm ab 99 Euro pro Person und Nacht

Ferienwohnung in Untergöhren
ab 310 Euro pro Woche
www.fewo-direkt.de

Besichtigen

DDR-Museum Malchow
Kirchenstraße 25, 17213 Malchow
Tel. 039932/18000
www.ddr.museum.ist.online.ms

Mecklenburgisches Orgelmuseum Malchow
Kloster 26, 17213 Malchow
Tel. 039932/12537
www.orgelmuseum-malchow.de
April bis September: Mo – So 10 – 17 Uhr
Oktober: Mo – So 10 – 16 Uhr
November bis März: Di – Fr 10 – 15 Uhr
Sa und So 11 – 15 Uhr

AHLBECKER HOF
WILLKOMMEN AUF DER SONNENINSEL USEDOM!
AHLBECKER HOF
London
Usedom
ROMANTIK
AHLBECKER H

Kurzurlaub wie zu Kaisers Zeiten

Mit Usedom ist es so ein bisschen wie mit dem Schnäpel. Anfang des 20. Jahrhunderts galten sowohl die Insel als auch der dort servierte Edelfisch aus der Ostsee als todschick. Dann kam die DDR, und beide gerieten etwas ins Hintertreffen: Die hochherrschaftlichen Bädervillen wurden zu gewerkschaftlichen Ferienheimen umgebaut, der Schnäpel war überfischt und verschwand von der Speisekarte. Doch seit einigen Jahren sind sowohl die „Badewanne der Berliner" als auch der Schnäpel wieder „en vogue".

Besonders gilt das für die drei Kaiserbäder Ahlbeck, Bansin und Heringsdorf, die mit ihren Bädervillen schon immer ein mondäneres Flair hatten als die anderen Ostseebäder. Damals wie heute treffen sich dort reiche und berühmte neben „normalen" Urlaubern, baden oder flanieren auf Europas längster Strandpromenade, die die Kaiserbäder mit dem polnischen Swinemünde (Świnoujście) verbindet. Und die Restaurants haben fast vergessene Rezepte der pommerschen Küche mit frischen Zutaten aus der Region neu entdeckt. Ganz besonders der „guten alten Zeit" verschrieben hat sich das Hotel Ahlbecker Hof, gegenüber der berühmten Seebrücke. Bereits zur Jahrhundertwende war das 1890 erbaute Hotel ein „Haus ersten Ranges". Zu den illustren Gästen gehörten Kaiser Franz Joseph von Österreich und Theo Lingen oder – nach der Wiedereröffnung 1996 – Königin Silvia von Schweden.

Die großzügigen 41 Zimmer und 29 Suiten (darunter auch eine 50 Quadratmeter große Kaiser-Suite mit eigenem Strandkorb auf der großzügigen Dachterrasse) in dem zuletzt 2007 renovierten Fünfsternehotel sind nostalgisch-luxuriös mit blinkenden Kronleuchtern, warmem Wurzelholzdekor und edlen Stoffen eingerichtet.

Asiatische Wohlfühlrituale

Das 2009 eröffnete Kinnaree Spa setzt auf asiatische Wohlfühlrituale. Hier kann man sich bei der Kaiser-Massage – eine Ganzkörpermassage auf ayurvedischer Basis – royal durchkneten lassen, bevor man im Wintergartenrestaurant Suan Thai thailändische Küche genießt. Im Restaurant La Brasserie schauen die Gäste in der offenen Show-Küche dem Koch bei der Zubereitung von Fleisch und fangfrischem Fisch auf

dem Lavagrill zu. Im Feinschmeckerrestaurant Kaiserblick wird dagegen klassische französische und regionale Küche serviert. Hier wird morgens auch das außerordentlich üppige Frühstücksbüffet aufgefahren, bei dem unter anderem das umfangreiche Mineralwasserangebot von Norwegen bis Südafrika beeindruckt. Wasser aus Mecklenburg-Vorpommern ist natürlich auch dabei: Glashäger, vom kaiserlichen Patentamt bereits 1910 zum Markenzeichen erhoben.

Soviel Kaiserliches auf einem Fleck; dabei logierte der Namensgeber, Kaiser Wilhelm II. höchstpersönlich, nie hinter der eindrucksvollen Fassade – er zog sich bei seinen vielen Besuchen Usedoms abends stets auf seine Yacht zurück, die vor der Insel ankerte. Aber er ist in den Kaiserbädern auch heute noch allgegenwärtig: In Ahlbeck stiftete er das Kaiser-Wilhelm-Kinderheim, das jetzt als Jugendferienpark Ahlbeck der Sportjugend Berlin dient. In der Villa Staudt in Heringsdorf war er bei Frau Konsul Elisabeth Staudt zum Nachmittagstee eingeladen, wenn

ihn seine jährliche Nordlandreise nach Swinemünde zur Flotteninspektion führte.

Ebenfalls in Heringsdorf steht „Des Kaisers Pavillon“. 1911 eröffnet, wurde in Salchows Weinstuben der Kaiser tatsächlich bewirtet. Seit 1990 wird im Jugendstil-Bau an der Brunnenstraße/Friedrichstraße in verschnörkeltem Ambiente wieder gutbürgerliche Küche mit Schwerpunkt auf frischem Fisch von hiesigen Fischern aufgetragen.

Mode für die Ostsee-Länder

Bereits zur Kaiserzeit, Anfang des letzten Jahrhunderts, zeigten modebewusste Berlinerinnen auf Usedom gern, was man in der Hauptstadt trug. Heute präsentieren junge Designer ihre extravaganten Kreationen bei der Baltic Fashion. Der internationale Modewettbewerb für die

Ostseeländer findet jeden Frühling und Herbst in Heringsdorf statt – im historischen Kaiserbädersaal.

Auch der Schnäpel hat sich dank eines Zuchtprogramms prächtig entwickelt. Serviert wird der wegen seines geringen Fettgehalts geschätzte Fisch sowohl in den Restaurants der Luxushotels wie dem Ahlbecker Hof als auch in Gasthäusern wie dem Fischkopp in Bansin: gebraten, gedünstet, im Reibekuchenteig oder mit Schokolade umhüllt als Praline …

Rita Schulze

ROMANTIK SEEHOTEL AHLBECKER HOF

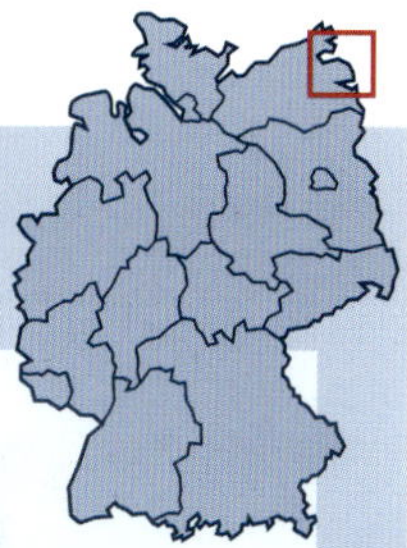

Unterkunft

Romantik Seehotel Ahlbecker Hof ●
Dünenstraße 41
17419 Seebad Heringsdorf / OT Ahlbeck
Tel. 038378/620
www.seetel-resorts.de
DZ/F ab 127 Euro

Besichtigen

Villen im Stil der Bäderarchitektur
Waldstraße 1
17429 Seebad Bansin
www.baederarchitektur.de

Auskunft

Usedom Tourismus, Seebad Bansin
Tel. 038378/47 71 10
www.usedom.de
www.drei-kaiserbaeder.de

Anreise

A 11 bis Kreuz Uckermark, A 20 bis Pasewalk, B 109 bis Anklam, B 110 bis zu den Kaiserbädern. Mit Regionalexpress oder Intercity bis Züssow, weiter mit der Usedomer Bäderbahn.

SCHLOSSHOTEL WENDORF

Einmal wohnen wie ein Fürst

Die blonden Mähnen wippen im Takt der Schritte, und klapperten nicht die Hufe auf dem Pflaster, wäre die Stille absolut. Nur ab und zu taucht plötzlich ein Hund auf, der uns – dankbar für die Abwechslung – laut kläffend hinterm Gartenzaun ein Stück begleitet. Die Pferde, die unsere Kutsche durch das mecklenburgische Örtchen Wendorf ziehen, beeindruckt das nicht. Erst als frech eine Ziege meckert, fühlen sie sich provoziert. Ein Zeichen des Kutschers hält die beiden aber auf Kurs.

Ein bisschen seltsam kommen wir uns vor, wie wir mit Kaffeebechern auf der Kutsche thronen, während sich nur wenige Meter hinter uns eine Frau mit Nordic Walking fit hält. Sie grüßt ebenso freundlich wie zwei Mädchen, die uns leicht amüsiert hinterherschauen. „Die müssen uns ja schon für ein bisschen verrückt halten, bei diesem Wind mit offener Kutsche durch die Gegend zu fahren", sage ich. Heftig nickend lacht unser Kutscher, als er uns am Schlosshotel Wendorf absetzt.

Ursprünglich stand in Wendorf eine Ritterburg. Bis 1895 war sie im Besitz des Grafengeschlechts derer von Schack, alter niedersächsischer Adel. 1904 kaufte Ivan Mackensen von Astfeld das Anwesen. Auf den Fundamenten der alten Burg ließ er unter der Leitung des Architekten Paul Korff das heutige Schloss samt Park errichten. Zu DDR-Zeiten als Jugendheim genutzt, wurde das Schloss 2004 von Udo Chistée, dem österreichischen Gründer der Amedia Hotel Group, entdeckt. Eigentlich wollten er und seine Frau Monika dort den Ruhestand genießen, doch dann entschieden sich beide für den Umbau in ein Fünfsternehotel – das seit Sommer 2011 von Johannes Butz geleitet wird.

Zehn individuelle Suiten

In jahrelanger Arbeit wurde das Haus denkmalgerecht renoviert und restauriert. Im Erdgeschoss befinden sich der Speisesaal, eine Orangerie, die Bibliothek und ein Rauchsalon mit Blick auf die angrenzende Terrasse und den Schlosspark mit See. Über einen holzvertäfelten Treppenaufgang gelangt man zu den zehn individuell eingerichteten Suiten. Bis zu 130 Quadratmeter groß, verfügen sie über Salon, Schlafzimmer, Bad, voll ausgestattete Küche und großzügige Terrassen. Dass man sich hier sofort wohlfühlt, liegt nicht allein am Luxus goldener Wasserhähne und

edler Stofftapeten, sondern auch an der Liebe, mit der Antiquitäten zusammengetragen und Details gestaltet wurden. Sechs kleinere Suiten und sechs Doppelzimmer gibt es in einem Nebengebäude.

Für Liebhaber von Vierbeinern

Dort befindet sich auch das Gourmetrestaurant Cheval Blanc. Pferdebilder und -figuren überall – selbst im Restaurant ist kaum zu übersehen, dass Liebhaber der Vierbeiner hier willkommen sind. Umgeben von gepflegten Koppeln und einer Vielzahl von Reitwegen, die durch die unberührte Natur der Sternberger Seenlandschaft führen, ist der Ort zum Reiten ideal. Ein Teil der etwa 40 Springpferde aus dem Gestüt Udo Chistées ist gleich hinter dem Schloss untergebracht. Für Gäste, die ihr eigenes Pferd mitbringen, stehen weitere Boxen und Personal zur Verfügung.

Sportlich verausgaben kann man sich auch auf dem neun Kilometer entfernten Winston Golfplatz in Vorbeck oder im Schweriner Golfclub. Zudem bieten sich Radtouren, Angeln, Kanufahrten, Pilz- und

Kräuterwanderungen an. Und wer Kultur sucht, braucht nur ins 28 Kilometer entfernte Schwerin zu fahren. Für Entspannung sorgen Spa, Sauna und Whirlpool im Untergeschoss des Hotels. Sogar Schönheitsoperationen unter ärztlicher Aufsicht werden arrangiert – für diejenigen, die nicht nur erholt, sondern auch optisch jünger wieder nach Hause kommen wollen.

Nicole Steiner

SCHLOSSHOTEL WENDORF

Unterkunft

Schlosshotel Wendorf ●
Hauptstraße 9
19412 Wendorf
Tel. 038486/336 60
www.schlosshotelwendorf.com
Schloss-Romantik für 2, 2 Ü/HP
und Programm ab 590 Euro p.P.

Besichtigen

Winston Golf
www.winstongolf.de

Auskunft

Tourismus-Information Schwerin
www.schwerin.com

Anreise

A14, B321 und dann die Landstraße Richtung Brüel, nach etwa zehn Kilometern nach Wendorf abbiegen. Mit der Bahn bis Schwerin, von dort bietet das Hotel einen Shuttleservice an.

SEEHOTEL AM NEUKLOSTERSEE

Ein See, zwei Scheunen, drei Häuser

Die Frage aller Fragen stellte einst ein schneidiger Jaguar-Fahrer aus der Schweiz: „Wo ist denn hier das Hotel?“, fragte dieser den weißhaarigen, weißbärtigen Gärtner und schien enttäuscht, als dieser nur mit den Schultern zuckte. Da war der betuchte, eidgenössische Gast so lange durch Deutschlands blühende Landschaften gefahren bis kurz vor Wismar, war dann korrekt bei Neukloster Richtung Nakenstorf abgebogen und links dem kleinen Schild zum Seehotel am Neuklostersee korrekt gefolgt – und dann das. Kein Tor und keine breite Auffahrt, kein Kofferträger und kein gebührlicher Empfang.

Augenfreude und Gaumengenuss

Ja, wo ist denn nun das Hotel? Wer sich jemals in das wahrlich zauberhafte Seehotel am Neuklostersee verirrt hat, der darf solch eine Frage nicht stellen. Denn es hieße, die Magie dieses Ortes preiszugeben und all jene aus einem Paradies zu vertreiben, das ihnen Fluchtort, Augenfreude, Gaumengenuss, Lebensart und auch Erinnerung an ein Stück Kindheit wiedergibt, in dem jeder Tag ein staunendes Entdecken und jede rationale Erklärung ein Stück Verrat bedeutet.

Denn was ist diese bäuerliche Anlage im Sternberger Seenland, die das Berliner Ehepaar Nalbach Anfang der 90er-Jahre gekauft und saniert hat? Dieses wie aus der Zeit gefallene Anwesen mit Kunstscheune in der reetgedeckten Fachwerkscheune hier und mit Hotelrestaurant im Klinkerbauernhaus dort. Dieses Ensemble, das vor sieben Jahren zum klassischen Dreiseithof erweitert wurde mit dem Bau einer Badescheune aus Feldstein, dazu ergänzt durch eine stimmungsvoll gestaltete Gänsebar und ein originelles Kinderhotel, ist dieses nicht alles eine Neuinterpretation von Pippi Langstrumpfs Villa Kunterbunt?

Steinway und Trafoturm

Ein echter Steinway wartet in der Kunstscheune auf neugierige Zuhörer, in der Gänsebar, einem alten Lagerraum, sitzt man auf Baumstümpfen, die am Bartresen auf einem Steinboden stehen, schaut in eine Vitrine mit ausgestopftem Fuchs und Gans, oder gen Himmel zur Decke, wo Gänsefedern verraten, dass vor wenigen Jahren die Vogelgrippe zugeschlagen hat. Das Kinderhotel war einst ein alter Trafoturm und ist heute ein einziger Naturerlebnisort mit Hörtrichter, Camera Obscura und mit Schafwolle gefüllten, kunterbunten Kissen innen und draußen mit Nistkästen für Schmetterlinge, Maikäfer, Wildbienen und Fledermäuse. Hängematten verbinden Birken, Kastanien, Weiden am Ufer des Sees, auf dem kleine Boote friedlich schaukeln. Ein Badesteg lädt zum Faulenzen ein wie die Liegestühle für Klein und Groß auf der Wiese davor, wo zwei Schafe grasen. Man wähnt sich – ganz nach Alter und Anmutung – entweder in einem Abenteuer von Tom Sawyer und Huckleberry Finn oder in einer klassischen Sommerfrische Tschechowscher Prägung, in der der Großstädter alles findet, was er zuhause nicht hat: saubere Luft und absolute Ruhe, die Freude an dicken Bäumstämmen und am Spiel der Sonnenstrahlen im leicht wiegenden See und der nahezu kindlichen Freude, wenn der Kellner auf der Sonnenterrasse ein Stück hausgebackenen Pflaumenkuchen serviert. Wo ist das Hotel?

Efeu rankt sich um Stahlstreben

Was für eine Frage! Alles ist hier Hotel: Die drei Ferienhäuser am See, dazu die 24 individuell gestalteten Zimmer bis zur Maisonettesuite in der Badescheune mit Treppe nach oben zur Sitzecke mit Tisch aus Glas und Holz. Die Natur, sie hinterlässt hier eben überall ihre Spuren, von der Fassade der Badescheune (wo Efeu sich um Stahlstreben rankt) bis zur Küche von Detlef Weiß, wo fangfrischer Zander aus dem Neuklostersee oder Kräuter aus dem hauseigenen Garten auf der Speisekarte landen.

Will man hier weg? Naja, nicht wirklich. Denn wer im „Seehotel am Neuklostersee“ eincheckt, will so schnell nicht wieder hinaus. Und wenn Sie das erste Mal da sind und das Hotel suchen – lassen Sie sich nicht ins Bockshorn jagen. Der weißhaarige Mann, der da arbeitet und sich zuweilen als Gärtner ausgibt, ist niemand Geringeres als der Chef selbst: Gernot Nalbach, hochangesehener Architekt aus Berlin und immer für eine Überraschung gut – wie sein Hotel.

Eberhard von Elterlein

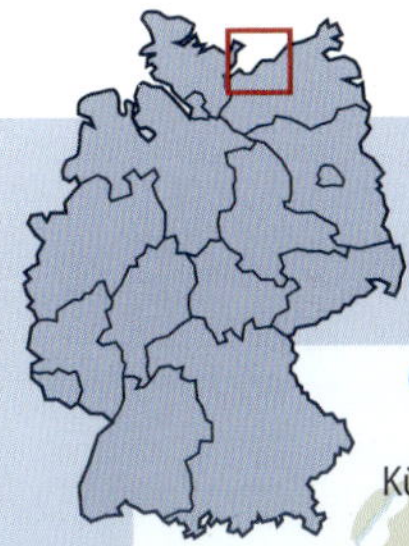

SEEHOTEL AM NEUKLOSTEREE

Anfahrt

A 24 bis Autobahnkreuz Schwerin, A 14 bis Schwerin-Nord, B 104 und B 192 bis Reinstorf, rechts abbiegen nach Neukloster, weiter Richtung Nakenstorf, ab da ausgeschildert. Mit der Bahn bis Wismar. Weiter mit Taxi.

Unterkunft

Seehotel am Neuklostersee ●
Seestraße 1
23992 Nakenstorf bei Neukloster
Tel. 038422/45 70
www.seehotel-neuklostersee.de
Zwei Ü/HP ab 266 Euro p.P/DZ

Besichtigen

Neukloster und Groß Tessin
Kirchstraße 2, 23992 Neukloster
Tel. 038422/254 51
www.neukloster-kirche.de

Auskunft

Naturpark Sternberger Seenlandschaft
Tel. 038482/220 59
www.naturpark-seenland.de

Neukloster Information
Tel. 038422/440 30

STRANDHOTEL FISCHLAND

Die Ostsee im Winter – atemberaubend

Ja, die Ostsee. Im Sommer ist sie schön, im Winter ist sie schöner. Denn dann hat man nahezu den ganzen Strand für sich allein – und wenn es noch ein so besonders reizvoller ist, wie der Abschnitt rund um das Ostseebad Dierhagen, dann kann man mit höchstem Genuss durchatmen. Also: Stehen bleiben mit Blick aufs Meer, Beine breit, die Arme nach oben – einatmen; die Arme nach unten – ausatmen.

Und die illustre Runde im Halbkreis hebt die Arme und atmet, auf und nieder, immer wieder. Manche suchen nach Gleichgewicht im schneebedeckten Sand, die Gesichter erröten vor Freude und vor Kälte, und die Nasen fangen an zu laufen, noch bevor es die Beine wieder tun an diesem wahrlich eisigen Wintermorgen.

Blauer Himmel, schneeweißer Strand

Wir befinden uns am Eingangstor zur Halbinsel Fischland, das sich heute im hellen Stahlblau eines wolkenlosen winterlichen Himmels zeigt, aufgefangen vom tiefschwarzen Blau einer trägen, mit wenigen Eisschollen durchsetzten See und dem flimmernden Weiß des Schnees, der sich wie eine schützende Decke auf den Strand gelegt hat. Also auf diesen Anblick noch einmal auspusten und dann weiter mit unserem Fitnesstrainer aus dem nahegelegenen Strandhotel Fischland, der dafür

sorgt, dass die Gäste die Linguine an Trüffeln und Beurre blanc vom Vorabend mit Spaß wieder hinuntertrainieren. Also durchatmen, auspusten. Dafür ist man im Winter an der Ostsee, wenn die Luft klar ist und die Gedanken frei sind.

Wellnessbereich und Dachterrasse

Und gedacht hat sich Eckehard Adams, der Eigentümer des Strandhotels Fischland, so einiges, als er das 1968 gebaute Haus im Jahr 2009 für 7,5 Millionen Euro erneuerte, hier ein 1600 Quadratmeter großer Wellnessbereich mit Pool, dort auf der Dachterrasse die neue Ostseelounge mit Kamin entstand. Und das tat der Mann aus einem ganz einfachen Grund: „Weil er mit seiner Familie vorher nie Urlaub machen konnte, wie er sich das gewünscht hat", verrät Hoteldirektorin Isolde Heinz in ihrem bezaubernden Badisch. Die brünette Dame, die einst im Kurhaus Baden-Baden Regie führte, will an der Ostsee vor allem Familien ansprechen. Deswegen gibt es neben 54 Doppelzimmern noch sechs Familienzimmer und sieben Suiten, ein Spielzimmer mit großem Holzschiff unterm Piratensegel und einen Kinderklub, in dem der Nachwuchs zwischen drei und 16 Jahren unter anderem mit Kreativworkshops und Ballspielen betreut wird. Wer es individueller mag, kann sich auch im Hotelpark wahlweise für Gartenapartment, Familienhaus, Landhausvilla oder Apartmenthaus entscheiden, durchgängig mit Reetdach und (gegen Aufpreis) mit Kühlschrankbefüllung und Brötchenservice.

Das Hotel setzt mit seinen sandfarbenen Türen, den Eichendielenböden und den mediterranen Farben an den Wänden dabei auf authentischen Look und klare, unspektakuläre Linien mit viel Glas, etwa bei den wandhohen Fenstern im zweiten und dritten Stock mit schönem Meerblick im Haupthaus. Hier im Zimmer 335 schaue ich nun über ein diffuses Weiß-Grün schneebedeckter Kiefern und Birken auf das träge Meer und denke, wie weltvergessen, nur umgeben von den Elementen, man sich hier doch fühlen kann.

Zwischen Bodden und Meer

In Gedanken bin ich dabei noch einmal beim zurückliegenden Ausflug, als wir immer Richtung Nordosten an der Küste entlang zwischen Saaler Bodden und offenem Meer über das Ostseebad Wustrow das zauberhafte Künstlerdörfchen Ahrenshoop erreichten, um dort in der romantischen, reetgedeckten Schifferkirche zu verweilen, bevor uns draußen bei einem kleinen Gang die Anhöhe hinauf der Wind fast von selbiger gepustet hätte.

Habe mich in Gedanken zwischen Wind, Wasser und Wolken treiben lassen, um zum Abschluss meiner kleinen Großstadtflucht höchstpersönlich eine unvergessliche Erfahrung zu machen: Bin bei Dunkelheit zur Strandsauna getapst, habe mich bei 90 Grad aufgeheizt, um anschließend an den Dünen vorbei in das wahrlich eiskalte Wasser zu tauchen. Uuh! Schock.Schwere.Not. Die Ostsee im Winter. Eine Erfahrung. Atemberaubend.

Eberhard von Elterlein

STRANDHOTEL FISCHLAND

Anreise

A 24 bis Wittstock, A 19 bis Rostock-Ost, B 105 und L 21 bis Dierhagen. Mit der Bahn über Rostock bis Ribnitz-Damgarten West. Von dort Abholung.

Besichtigen

Schifferkirche Ahrenshoop
Kirchenort 2
18375 Ostseebad Prerow
Tel. 038233/691 33
www.schifferkirche-ahrenshoop.de

Ostseebad Wustrow
Ernst Thälmann Straße 11
18347 Ostseebad Wustrow
Tel. 038220/251
www.ostseebad-wustrow.de

Auskunft

Kurverwaltung Dierhagen
Tel. 038226/201
www.ostseebad-dierhagen.de

Unterkunft

Strandhotel Fischland ●
Ernst-Moritz-Arndt-Straße 6
18347 Ostseebad Dierhagen Strand
Tel. 038226/520
www.strandhotel-ostsee.de
DZ/F ab 145 Euro

BERGSTRÖM LÜNEBURG

Zu rotem Backstein, „weißem Gold“ und lilafarbenen Blüten

Salz, Salz und nochmals Salz: Wer durch Lüneburg geht, trifft ständig auf das „weiße Gold“ und seine Begleiterscheinungen. Einst sorgte es für unermesslichen Reichtum und machte die Stadt zu einer der schönsten Norddeutschlands.

Der mittelalterliche Stadtkern beeindruckt noch heute, denn der Zweite Weltkrieg riss zwischen den prächtigen Backsteingiebelhäusern keine Lücken, die mit hässlichen Betonklötzen hätten gestopft werden müssen. An einigen Stellen, besonders zwischen der alten Saline und dem Kalkberg, ist sie jedoch etwas „tiefergelegt": Durch den jahrhundertelangen Salzabbau senkte sich der Untergrund, was einigen Häusern heute ein abenteuerlich schiefes Aussehen gibt.

400 Kneipen, Cafés und Restaurants

Das Rathaus mit seiner Barockfassade am Marktplatz, der historische Hafen an der Ilmenau oder die Nicolaikirche mit ihrem Sternengewölbe sind nur einige Höhepunkte, die man beim Spaziergang streift. Zwar sieht die 72 000-Einwohner-Stadt aus wie aus dem Bilderbuch, sie ist aber alles andere als ein Freilichtmuseum, das um 17 Uhr schließt.

Dafür sorgen schon die rund 8000 Studenten der hiesigen Universität. In der verkehrsberuhigten Innenstadt gibt es neben den allerorts vertretenen Modeketten auch viele kleine, individuelle Geschäfte und außerdem mehr als 400 Kneipen, Cafés und Restaurants. In einem Prospekt rühmt sich die Stadt sogar, die größte Kneipendichte Europas zu besitzen. Ob das stimmt, testet man am besten am Stintmarkt beim Hafen, wo früher das Salz auf den Weg nach Lübeck verladen wurde.

Hier befindet sich auch das Hotel Bergström in sieben historischen Gebäuden. Die gemütlich-komfortablen Zimmer und Suiten des Vier-Sterne-Superior-Hauses verteilen sich über jahrhundertealte Wassermühlen, Wassertürme und Speicher. Zum Bergström gehören die Restaurants Mama Rosa mit Antipasti und diversen Pastagerichten, das Canoe mit Gerichten aus der Neuen Welt, das Marina Café, wo neben mediterraner Küche auch ganz regionaltypisch Heidschnuckenrücken in Rotweinsauce serviert wird, und die Lüner Mühle mit angeschlossener Weinhandlung.

Schwereloses Treiben im Floatarium

In der letzten Saline Lüneburgs, in der bis 1980 die Sole verkocht wurde, ist heute das Deutsche Salzmuseum untergebracht. Hier erfährt man nicht nur nahezu alles über Salz, sondern auch etwas über die harten Arbeitsbedingungen der Salzsieder. Heute sorgt die 26-prozentige Sole (das Tote Meer hat etwa zwei Prozentpunkte mehr) nur noch in der Salztherme für das körperliche Wohlbefinden, zum Beispiel beim schwerelosen Treiben im Floatarium oder bei einer Salzmassage.

Genug Backstein gesehen, genug entspannt? Dann ist Zeit für einen Ausflug. Auch wenn der Name anderes vermuten lässt, liegt

Lüneburg nicht inmitten der nach ihm benannten Heide. Eine halbe Stunde Autofahrt muss eingerechnet werden, um in die sandige Kulturlandschaft mit ihren Birken und Wacholderbüschen auf lila blühenden Heidekrautteppichen zu gelangen.

Kostenfreier Bus in die Heide

Für Nichtmotorisierte gibt es den kostenfreien Heide-Radbus. Von Mitte Juli bis Mitte Oktober fährt der Bus mit Radanhänger vom Bahnhof Lüneburg (hier gibt es einen Fahrradverleih) an Wochenenden viermal pro Tag über Amelinghausen und Döhle nach Egestorf am Rand des Naturparks Lüneburger Heide. Entweder startet man hier zu Fuß oder per Rad, oder man steigt in den Heide-Shuttle, der auf drei Routen unterwegs ist.

Von Döhle aus empfiehlt sich eine Wanderung zum Wilseder Berg, der mit seinen 169 Meter Höhe einen weiten Blick über Heideflächen und Mischwald gewährt. Eine Stunde später ist Undeloh erreicht. Das Erlebniszentrum in dem Heidedorf zeigt multimedial, wie Eiszeitgletscher die Landschaft geformt haben, wie der Mensch sie verändert hat und heute pflegt und bewirtschaftet. Dabei dürfen die Heidschnucken natürlich nicht fehlen. So erfährt der Besucher, dass diese genügsame Schafsrasse ursprünglich nicht in erster Linie für Fleisch und Wolle, sondern wegen ihres Dungs gehalten wurde, der den Heidebauern gute Kartoffelernten einbrachte.

Zur Stärkung für den Rückweg gibt es Blaubeerkuchen und Kaffee in der angeschlossenen Cafeteria. Ein Tipp, wenn die Füße heißgelaufen sind: Kurz vor Döhle plätschert die Schmale Aue durch die Wiesen, eine Runde durch den knietiefen Bach waten ist herrlich erfrischend.

Rita Schulze

BERGSTRÖM LÜNEBURG

Unterkunft

Bergström Lüneburg
Bei der Lüner Mühle
21335 Lüneburg
Tel. 04131/30 80
www.bergstroem.de
DZ/F ab 169 Euro

Besichtigen

Deutsches Salzmuseum
Sülfmeisterstraße 1, 21335 Lüneburg
Tel. 04131/450 65
www.salzmuseum.de
Oktober bis April: Mo–So 10–17 Uhr
Mai bis September: Mo–Fr 9–17 Uhr
Sa und So 10–17 Uhr

Salztherme Lüneburg
Uelzener Straße 1–5, 21335 Lüneburg
Tel. 04131/72 30
www.kurzentrum.de
Mo–Sa 10–23 Uhr, So 8–21 Uhr

Heide-Erlebniszentrum
Wilseder Straße 23, 21274 Undeloh
Tel. 04189/81 86 48
www.heide-erlebniszentrum.de
Mo–So 10–17 Uhr

Anreise

A 24, B 209. Per Bahn in zwei Stunden über Hannover oder Hamburg.

Auskunft

Tourist-Information Lüneburg
Tel. 0800/220 50 05
www.lueneburg.de

Romantik unter der Ruine

Der Höhepunkt kommt nach dem Essen. Nachdem wir uns in einem straffen Besichtigungsprogramm den Alltag eines gräflichen niedersächsischen Landsitzes zu Gemüte geführt, danach in der kleinen Sauna geschwitzt und abschließend im Gourmet-Restaurant Novalis unter gleich zwei Bildnissen des berühmten Namensgebers Rehrücken unter der Walnusskruste mit Korinthenjus genossen haben. Genau dann also, wenn der Tag erlebnis- und gourmettechnisch seinem zufriedenen Ende entgegengeht – genau dann kommt der Höhepunkt.

Orientierungspunkt für Ausflügler

Er liegt auf der Mitte zwischen dem Hauptgebäude des BurgHotels in Nörten-Hardenberg und dem Nebengebäude der Mühle, in der ein liebevoll gemachtes Bett wartet – und er ist als Höhepunkt ganz wörtlich zu nehmen: Hoch oben über unseren Köpfen nämlich, während des Tages ein guter Orientierungspunkt für die Ausflügler und des Nachts nun ein heller Fixstern in der zappendusteren Umgebung, leuchtet die mittelalterliche Burg Hardenberg, oder besser, was von ihr 1698 nach einem erdbebenähnlichen Gewitter übrig geblieben ist. Der gar nicht mittelalterliche Turm (er wurde erst 1840 angebaut), die noch bestehenden Mauern der Vorder- und Hinterburg, stolz und erhaben auf einer spitzen Felsnase thronend, Bewacher und Beschützer des Landes, trutzig und stark. Alle Assoziationen, die man mit mittelalterlichen Burgen verbindet, werden im Licht der Nacht, wenn das kalte Gemäuer von innen erstrahlt zum Leben erweckt wird, verstärkt.

Keilerschänke und Kornbrennerei

Obendrein hat der Gräfliche Landsitz Hardenberg zwischen Göttingen und Northeim im südlichen Niedersachsen viel zu bieten: Er hat ein schönes BurgHotel mit einer erstklassigen Küche in der rustikalen Keilerschänke (Spezialität: Lasagne von geschmorter Wildschweinschulter mit Preiselbeersauce) und das Gourmet-Restaurant Novalis (16 Punkte im „Gault Millau"). Es gibt einen großen Turnierplatz, auf dem jährlich das große Springreitturnier um die Goldene Peitsche stattfindet;

auf dem 233 000 Quadratmeter großen Areal befindet sich zudem eine Kornbrennerei, in der die Hardenbergs seit 1700 nun schon in neunter Generation aus dem Weizen der umliegenden Felder traditionellen Korn und fruchtige Liköre herstellen. Es gibt auf dem Areal noch das 1710 gebaute Schloss, das sich am Rande des 20 000 Quadratmeter großen Schlossparks befindet. Aber diese ganze Anlage verdankt ihre Existenz und ihren Namen allein der Burg da oben.

Sie beschert des Nachts dem fremden Gast von unten betrachtet einen schönen Schauder – und bei Tag zwischen efeuumranktem Buntsandstein eine wunderbare Aussicht über den 3000-Seelen-Flecken Nörten-Hardenberg mit Peterskirche und Klosterkirche Marienstein, mit Leinetal und jener Handelsstraße, die heute die A 7 ist und einst der Grund für den Bau der Burg im Jahr 1000 war. Der Bauherr, niemand Geringeres als der Erzbischof von Mainz, wollte nämlich von erhöhter

Position aus diese mittelalterliche Handelsroute überwachen, übergab aber 1357 die Feste wegen zu hoher Unterhaltungskosten an die Hardenbergs als Verwalter – bis besagtes heftiges Gewitter die Burg zur Ruine und den Bau des noch heute bewohnten Schlosses nötig machte.

Doppelbett unterm Baldachin

Das zur selben Zeit gebaute, heutige BurgHotel diente damals den auf dem Gut angestellten Arbeitern als Unterkunft, Viehstall und Lagerraum. Ende des 18. Jahrhunderts entstand hier eine Burgschänke, 1954 kamen die ersten zehn Hotelzimmer. Heute heißt das Haus Hardenberg BurgHotel, es gehört zur angesehenen Hotelvereinigung Relais & Châteaux und hat neben 42 Zimmern, Grafensuite und Burgsuite auch ein Sophien-Zimmer – liebevoll eingerichtet mit einem romantischen Doppelbett unter einem Baldachin – speziell für Hochzeitspaare. Es erinnert an die Jugendliebe des frühromantischen Dichters Novalis – der bekanntlich mit richtigem Namen Georg Friedrich Philipp Freiherr von Hardenberg hieß und aus einer Nebenlinie im sachsen-anhaltinischen Wiederstedt stammte – und ist uns nach der berückenden Ansicht der nächtlich beleuchteten Burg eine sanfte Heimstatt für eine erholsame Nacht.

Eberhard von Elterlein

HARDENBERG BURGHOTEL

Anreise

A 2 bis Wolfsburg, A 39 bis Salzgitter und A 7 bis Nörten-Hardenberg. Mit der Bahn über Göttingen,

Unterkunft

Hardenberg Burghotel •
Hinterhaus 11
37176 Nörten-Hardenberg
Tel. 05503/98 10
www.burghotel-hardenberg.de
DZ ab 175 Euro

Auskunft

Gräflicher Landsitz Hardenberg
Tel. 05503/80 20
www.der-hardenberg.com

Tourist Information Northeim
Tel. 05551/91 30 66
www.northeim-touristik.de

Besichtigen

Theater der Nacht
Obere Straße 1
37154 Northeim
Tel. 05551/14 14
www.theater-der-nacht.de
Di – Do 10 – 13 Uhr (telefonische Anmeldung)
Do – So 14 – 18 Uhr

SCHÄFERHOF

Der Schäferhof im niedersächsischen Schneverdingen

Im Kachelofen knistert es leise, durch das leicht geöffnete Fenster ist ein Waldkauzruf zu hören. Es riecht nach frischem Braten und in Butter geschwenktem Gemüse. Das Hotel Schäferhof im Naturschutzpark der Schneverdinger Heide in Niedersachsen ist ein richtiges Heidehaus: Fachwerk, Heidschnuckenbraten, offener Kamin. Teile des U-förmigen

Gebäudes mit 22 Zimmern gehörten früher zu einem alten Schäferhof. Hier wohnten bis in die 60er-Jahre tatsächlich Schäfer, die die großen Heidschnuckenherden hüteten.

Christian und Katerina Glet haben die alte Gastwirtschaft 2007 gekauft, komplett saniert und dabei den nostalgischen Charme des Alten mit modernen Einflüssen geschickt kombiniert. Zum Beispiel haben sie einen pyramidenförmigen Wintergarten angebaut, der trotz seiner gläsernen Spitze gut zu dem alten Fachwerkhaus passt.

Zahlreiche Rhododendren stehen auf dem Grundstück. Sie werden im Mai ihre ganze Pracht entfalten. Nicht nur außen hat sich das Haus die Atmosphäre eines alten Heidehofes bewahrt. Einige Zimmer haben eine Dachschräge mit halbrunden Gauben. Durch die tiefen, viersprossigen Fenster im Parterre blickt man weit in die Osterheide, die hier beginnt: Auf Sandboden wächst das berühmte Heidekraut, das im August blüht, vereinzelt stehen Eichen, Kiefern und Wacholder auf den freien Flächen bis zum nahen Waldrand. Auf der anderen Seite des Hauses, etwa 300 Meter entfernt, liegt das Pietzmoor. Ein 8000 Jahre altes Niedermoor, wie man es aus alten Sagen und Märchen kennt: schwarze Moorseen, helle Grasbüschel, knorrige alte Bäume, Nebelschwaden. „Manchmal machen Gäste nachts Touren mit Taschenlampen, um sich mal so richtig schön zu gruseln", sagt Christian Glet. Stecken bleiben kann man nicht, denn ein fast sechs Kilometer langer Wanderweg führt mitten hindurch, zum großen Teil verläuft er auf einem Holzsteg.

Heideluft macht Appetit. Auf Abend-, Mittags- und Tageskarte stehen Heidschnuckenbraten, Hühnerfilet mit Balsamicotrauben oder Heidehonigsorbet. Die Zutaten stammen aus der Umgebung. Der heidetypische Butterkuchen aus dem Steinofen ist mittlerweile legendär. Hausgemachte riesige Tortenstücke, zum Beispiel von der Buchweizentorte, gibt es zum Nachmittagskaffee.

Bis zu 500 Radfahrer machen pro Jahr im Schäferhof Station. Einige sind auf großen Touren durch die Region unterwegs. Auf den Kiesplatz vor dem Hoteleingang hat Glet Baumstämme gelegt, in die er große Schlitze gesägt hat – fertig sind die Fahrradständer.

Wie vor Hunderten von Jahren ziehen auch heute noch jeden Tag Schafherden über die Ebene. Neben dem Hotel stehen die alten Schafställe mit schweren Eichenbalken und Reetdächern, die fast bis zum Boden reichen. Hier übernachtet ein großer Teil der Heidschnucken, die das ganze Jahr über die Heide pflegen. Öffnet man eine der Türen, drehen sich Hunderte schwarze Gesichter mit großen Korkenzieherhörnern in Richtung Tür. Die Lämmchen sind pechschwarz und machen am liebsten senkrechte Bocksprünge, wenn die Herde sich bewegt.

Bauernmöbel und Windsorstühle

Manchmal kann man die Tiere auch vom Frühstückstisch aus sehen. Das Buffet ist im Wintergarten angerichtet. Die Gäste sitzen an hübschen Tischen mit hellblauen Stühlen und blicken durch große, weiße Sprossenfenster zu drei Seiten in die Heide hinaus. Eine breite Terrassentür führt nach draußen, in einer Ecke steht eine alte Wanduhr. Die vier Gasträume des Restaurants sind mit antiken Bauernmöbeln und Windsorstühlen eingerichtet, überall stehen frische Blumen. Der blaue Kachelofen in der Mitte des „Blauen Zimmers" hat große gusseiserne Türen und einen offenen Kamin.

Viele Besucher schätzen die persönliche Atmosphäre. „Unsere Mitarbeiter können viele Gäste mit dem Namen ansprechen, und der Postbote kommt auch mal eben auf einen Kaffee rein", sagt Christian Glet. Auch internationale Gäste sind dabei; sie wandern in der

Heidelandschaft, fahren Kutsche oder unternehmen lange Fahrrad- oder Reittouren. Christan Glet lacht herzlich, wenn er die Geschichte von einem japanischen Professor erzählt, der im Schäferhof übernachtete und der ein großer Heide-Fan war. „Er hat doch tatsächlich seine Tochter ‚Erika' getauft – nach dem lateinischen Namen für das Heidekraut."

Karoline Beyer

SCHÄFERHOF

Unterkunft

Schäferhof ●
Heberer Straße 100
29640 Schneverdingen
Tel. 05193/35 47
www.hotel-schaeferhof.com
DZ/F ab 78 Euro

Besichtigen

Spielzeugmuseum Soltau
Poststraße 19, 29614 Soltau
Tel. 05191/821 82
www.spielzeugmuseum-soltau.de
Mo–So 10–18 Uhr

Vogelpark Walsrode
Ahrsener Straße, 29699 Bomlitz
Tel. 05161/604 40
www.weltvogelpark.de
Mo–So 9–19 Uhr

Heide-Park Soltau
Heide-Park Soltau, 29614 Soltau
Tel. 01805/91 91 01
www.heide-park.de

Anreise

A2 bis Hannover, A7 bis Soltau-Süd, B3 bis Heber, von dort nach Schneverdingen. Mit der Bahn über Uelzen oder Hannover bis Soltau beziehungsweise Schneverdingen.

Auskunft

Lüneburger Heide Tourismus
Tel. 04131/30 99 60, www.lueneburger-heide.de

ALTES HANDELSHAUS

Plauener Unikate

Spitze wird nicht immer nur geklöppelt: Das ist die wohl wichtigste Erkenntnis für die meisten Plauen-Besucher. Die Stadt im sächsischen Teil des Vogtlandes ist berühmt für ihre Spitze – und die ist maschinengestickt.

Wie die filigranen Gebilde zustande kommen, sprich die Löcher in den Stoff, wird sowohl im Spitzenmuseum im Alten Rathaus als auch in der Schaustickerei erklärt. Hier kann man spüren, wie sich der Stickgrund in warmem Wasser auflöst, oder zuschauen, wie sich Ahlen in den Stoff bohren. Und erfährt, dass dabei nicht nur Oma-Deckchen und Landhausgardinen entstehen, sondern auch moderne Oberbekleidung

– oder im wahrsten Wortsinn Spitzentechnologie: für Heizsysteme, Kühlmanschetten, Bandagen mit Akupressureffekt ... Um 1912 war Plauen die Stadt mit den meisten Millionären in Deutschland. Doch dann änderte sich der Modegeschmack, die Weltkriege kamen, Plauen wurde am 10. April 1945 zu drei Vierteln zerstört.

Bambes mit Rostbrätel

Trotzdem gibt es rund um den Altmarkt noch so einiges an schön restaurierter historischer Bausubstanz zu bewundern. Zum Beispiel das Café Matsch, Plauens älteste Gastwirtschaft von 1503, oder das Alte Handelshaus von 1789. In dessen Erdgeschoss hängen Bilder, wie das Ensemble vor dem Beginn der Sanierung 2006 ausgesehen hat. Beim Betrachten wundert sich der Gast schon, dass Thomas Wunderlich vor diesem Mammutprojekt nicht zurückgeschreckt ist. Und freut sich, dass der Architekt den Gebäudekomplex in ein Restaurant samt Pension verwandelt hat. Der Lagerraum des einst hier ansässigen Gemüseladens ist heute ein gut besuchtes Restaurant. Wo Rotkraut, Kartoffeln und Äpfel lagerten, gab es bereits hohen Besuch: Bundeskanzlerin Angela Merkel ließ sich hier schon frische Bambes schmecken. Hinter dieser vogtländischen Spezialität verbergen sich hausgemachte Kartoffelpuffer. Serviert werden sie mit Rostbrätel, Tomate und Mozzarella oder auch mit Zucker und Apfelmus. Wer im Handelshaus übernachtet, fühlt sich in alte Zeiten versetzt. Aus Abriss- und Sanierungshäusern wurden pompöse Gründerzeitbetten, -kommoden, Spiegel mit Schnörkelrahmen und Kronleuchter zusammengetragen und aufgearbeitet. Ein modernes Bad, ein Flachbildschirm und ein moderner Lattenrost statt quietschender Bettfedern holen ins Heute zurück. Zehn Zimmer mit Dielenboden und Stuckdecke gibt es mittlerweile (das Obergeschoss wird noch weiter ausgebaut); drei davon liegen im benachbarten Torschließerhaus. Eine schmale Treppe windet sich über drei Etagen zu Zimmern, die fast so märchenhaft aussehen, wie ihre Namen klingen: „Dornröschen", „Rapunzel" und oben „Frau Holle", die Hochzeitssuite.

Von dem hochherrschaftlichen Wohngefühl im Handelshaus geht es wortwörtlich bergab – zu den 500 Jahre alten Weberhäusern unten am Mühlgraben. Vor den Toren der Stadt waren einst die „unreinen" Gewerke wie Gerben, Färben und Walken angesiedelt. In der altersschiefen Häuserzeile will der Verein „Unikat" Dinge vor dem Vergessen bewahren. Dazu gehören alte Handwerkstechniken ebenso wie das Wohnen der einfachen Arbeiter zu längst vergangenen Zeiten, inklusive des Plumpsklos auf dem hölzernen Balkon mit schöner Aussicht in den Garten.

Zu „Vater und Sohn"

Auf dem Rückweg in die Altstadt fällt in der Nobelstraße neben dem Vogtlandmuseum eine kleine Skulptur ins Auge: Auf einem aufgeschlagenen Buch stehen ein sehr rundlicher Mann mit buschigen Augenbrauen und Seehundbart sowie ein kleiner Junge Hand in Hand – „Vater und Sohn". Die Bildergeschichten rund um die beiden Antihelden machten Erich Ohser, besser bekannt als e.o.plauen, weltberühmt. 1903 wurde er in der Nähe von Plauen geboren, verbrachte dort seine Kindheit und Jugend. Er illustrierte unter anderem die Bücher seines Freundes Erich Kästner und zeichnete Karikaturen; 1934 belegten ihn die Nationalsozialisten mit einem Berufsverbot. Der Ullstein Verlag erwirkte eine Arbeitserlaubnis für ihn: Für die Berliner Illustrirte Zeitung zeichnete Ohser unter Pseudonym seine „Vater und Sohn"-Geschichten. Einige davon sowie politische

Karikaturen und Porträts aus seinem kurzen Leben (wegen „defätistischer Äußerungen“ wurde er 1944 zum Tode verurteilt und nahm sich in der Haft das Leben) zeigt die Galerie e.o.plauen im Erich-Ohser-Haus, vor dem die Skulptur steht – gleich um die Ecke vom Alten Handelshaus.

Rita Schulze

ALTES HANDELSHAUS

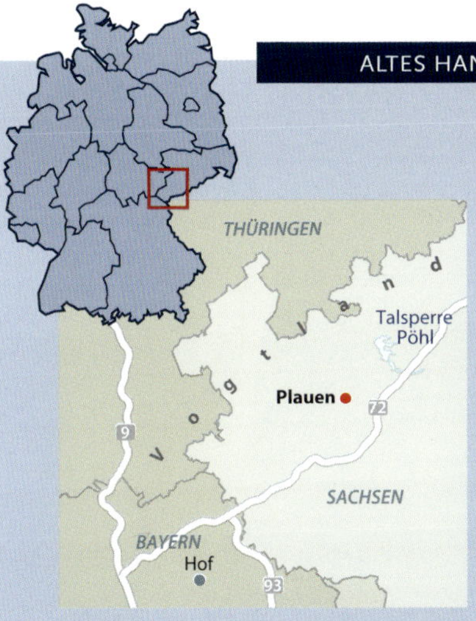

Anreise

A72 bis Plauen. Mit der Bahn über Leipzig oder direkt mit dem Vogtlandexpress von Berlin nach Plauen.

Unterkunft

Altes Handelshaus ●
Straßberger Straße 17
08523 Plauen
Tel. 03741/14 96 99
www.altes-handelshaus.de
DZ/F für 70 Euro

Besichtigen

Spitzenmuseum
Rädelstraße 2, 08523 Plauen
Tel. 03741/22 23 55
www.plauenerspitze.de
Di–Fr 10–17 Uhr, Sa und So 10–16 Uhr

Schaustickerei
Obstgartenweg 1, 08529 Plauen
Tel. 03741/44 31 87
www.schaustickerei-plauen.de
Mo–Sa 10–17 Uhr, So nach Vereinbarung

Weberhäuser
Bleichstraße 9–15, 08523 Plauen
Tel. 03741/30 09 31, www.weberhäuser.de
Mo 9–13 Uhr, Di 9–20 Uhr, Mi 9–19 Uhr, Do und Fr 9–13 Uhr, Sa 10–15 Uhr
(Sa nur von April bis September geöffnet, oder nach Vereinbarung)

Galerie e.o.plauen
Nobelstraße 7/13, 08523 Plauen
Tel. 03741/291 23 44, www.galerie.e.o.plauen.de
Di–So 11–17 Uhr

Auskunft

Tourist-Information Plauen
Tel. 03741/291 10 27, www.plauen.de

Wo sich Natur, Kunst und Kultur verbinden

Es ist fünf Uhr morgens, mein Bett wiegt sich im Wind, die Sonne kitzelt mein Gesicht. Ihre Strahlen spielen mit den Blättern der Buche, in der ich nun erwache. Von meinem Baum aus erscheint er mir auf Augenhöhe, der blassrote Ball, der nun über Deutschland aufgeht. Und ich bin die erste im Lande, die es sieht. Denn das Baumhaus-Hotel, dessen Gast ich bin, liegt im östlichsten Zipfel Deutschlands.

In zehn Metern Höhe

Bei Görlitz, in den Auen der Neiße, liegt die Kulturinsel Einsiedel. Von den acht Baumhäusern, die hier in bis zu zehn Metern Höhe in den Wipfeln hängen, sieht jedes ein wenig anders aus. Aber natürlich ist meines das Schönste. Das Schlafzimmer in „Judkas Trollfamilienhaus" ist eine kuschelige Fellhöhle, das kleine Wohnzimmer mit der Sitznische und dem Holzöfchen sieht aus wie das Innere eines Hexenhäuschens. Die Badewanne hängt einen Baum weiter, fasst acht Personen und wird mit einem Holzfeuer beheizt. Die Duschkabinen sind von innen verspiegelt und zur Neiße hin offen.

Judkas Häuschen ist mit „Fionas Luftschloss", „Thor Alfsons Astpalast", „Olves Baumburg" und den anderen Baumhäusern durch verschlungene Stege verbunden, die zu einer Plattform in der Mitte führen. Hier stehen neben der Badewanne, eine Bar und einige Tische; der Ofen, mit dem die Badewanne beheizt wird, eignet sich auch zum Würstchengrillen.

Suche nach einem U-Boot

Nach dem Frühstück, mit frisch gebackenen Brötchen, Eiern, Lachs, Käse, Wurst und Obst kann er losgehen, der Tag, an dem jede Minute zu einem Abenteuer werden wird. Meine Aufgabe: Das U-Boot finden, das auf der Kulturinsel, dem rund fünf Hektar großen Abenteuerpark, versteckt liegt. Ich taste mich durch die unterirdischen Gänge des Käsebergs, laufe durch das Türenlabyrinth und den Zauberwald. Plötzlich schnelle ich in die Höhe. Das Trampolin war als solches nicht auf den ersten Blick zu erkennen. Ich gehe über Stege und lande im Piratenschiff, in den Türmen des Zauberschlosses.

Ich irre umher, vermutlich seit Stunden schon. „Spielen ist wie träumen“, hatte Kulturinsel-Chef Jürgen Bergmann zu mir gesagt. „Du musst nur einmal

anfangen, dann landest Du vielleicht auf dem Mond." Oder, so hoffe ich, im U-Boot. Jeder Weg auf der Kulturinsel kann zum Umweg werden. Ich bin froh, dass ich diese Erfahrung nicht allein mache. Eine Schulklasse tobt übers Gelände. „Halt, hier geht's nicht weiter, wir müssen alle zurück", ruft der Lehrer vorn, während einige Jungs ganz hinten noch auf dem Trampolin springen. Fragt man die Kids, was ihnen hier am besten gefällt, kommt es wie aus einem Mund: „Alles." Und was ist am allerbesten? „Die Höhlen." „Die Türme." „Das Trampolin." Und wieder: „Alles." Die Kulturinsel ist ein Paradies für Kinder.

Jährlich 100 000 Gäste

Allerdings sind nicht nur Kinder unter den rund 100 000 Kulturinsel-Gästen jährlich, sondern auch viele junge Paare. Die Frauen schenken ihren Männern oder besser dem Kind darin die Erfüllung eines alten, fast vergessenen Kindertraumes: ein Baumhaus.

Das U-Boot habe ich schließlich unter dem Fontänen-Tal gefunden. Die Bäume hier spritzen Wasser, das U-Boot liegt unter ihnen begraben, durch verwinkelte Gänge erreiche ich es.

Inzwischen ist es Abend. Ich setze mich zum Essen an den Tisch. Nach getaner Arbeit, wie ich dachte. Doch Fehlanzeige. Auch das Ordern des Essens wird zum Abenteuer. Die Bedienung legt Zettel, Stift und eine Kugel auf den Tisch. Ich schreibe auf, was ich essen möchte, stecke den Zettel in die Kugel und suche den Zauberbaum, wie von der Kellnerin geheißen.

Ich finde den Baum in der Nähe der Küche, werfe die Kugel ein. Es rauscht, klingelt und kracht. Kurze Zeit später steht die Bedienung am Tisch, mit einem kühlen Bier, dazu Fleischkäse und Knacker, die ich an einem der drei Kamine selber röste. Dabei beobachte ich die Katze, die am Nebentisch vom Teller nascht, höre von draußen das Meckern der Ziegen und das Schnarchen des Schweins. Auch ich freue mich auf mein Bett, und hoffe, dass ich es ohne große Irrwege finde, irgendwo auf dieser Insel, auf der alles möglich ist.

Annekatrin Looss

BAUMHAUSHOTEL

Anreise

Auf der A 4 bis Nieder-Seifersdorf, über Niesky und Rothenburg, ab da ausgeschildert. Mit der Bahn bis Görlitz, weiter per Bus Richtung Rothenburg/Weißwasser bis Kulturinsel Einsiedel.

Unterkunft

Baumhaushotel •
Kulturinsel Einsiedel 1
02829 Neißeaue OT Zentendorf
Tel. 035891/491 15
www.kulturinsel.de
203,50 Euro bis 305,50 Euro pro Haus und Nacht inklusive Eintritt, Frühstück, Parken und Mitternachtsabenteuer

Besichtigen

Muskauer Park
Schloßstraße 6
02953 Bad Muskau
Tel. 035771/631 00
www.muskauer-park.de

Auskunft

Kulturinsel Einsiedel
02829 Zentendorf
Tel. 035891/491 24
www.kulturinsel.de

Rähnitzgasse

400 Jahre Dresden an zwei Tagen

Ein Blick in den schwülstigen Spiegel, und schon fühlt sich alles barock an. Fast scheint es, als sei man durch den güldenen Zierrahmen versehentlich in eines der Ölgemälde aus der Galerie der Alten Meister gerutscht. Fehlen nur noch die wallenden Kleider, in denen sich die edlen Damen verewigen ließen.

Schwelgen im 17. Jahrhundert

Tatsächlich wähnt man sich fast als Gast der Dresdner Kurfürsten persönlich, sobald die Holztür der Bülow Residenz schließt. Das maßlose Schwelgen in Form und Farben während des 17. Jahrhunderts war das Thema der Eigentümer des kleinen Dresdner Hotels, als sie das zu DDR-Zeiten heruntergekommene Gebäude in den 90er-Jahren aufwendig renovierten. Immerhin liegt das kleine Haus mit gerade einmal 28 Zimmern versteckt im Barockviertel Dresdens, bloß einen Brückenschlag von der Brühlschen Terrasse entfernt.

Rote Teppiche, schwere Vorhänge, Kronleuchter, Silberbesteck und wild geschwungene Tischbeine, die mit modernen Möbeln kombiniert werden – überall hat das Barocke seinen Platz in der Residenz gefunden. Schon so mancher Prominente schlief in den Betten des

Hotels, dessen Matratzen inzwischen fast so berühmt sind wie das hoteleigene Sterne-Restaurant Caroussel, das sich seit März 2010 im Nachbarhaus Bülow Palais knapp 50 Meter weiter befindet. Ein nagelneues Fünfsternehotel mit 58 Zimmern und Suiten, bei dem man sich wie in dem Viersternehaus Bülow Residenz nicht wundern darf, wenn man verschläft.

Am „Blauen Wunder"

Doch der Sprung durch die Jahrhunderte geht am zweiten Tag weiter: Zum Schillerhaus im Stadtteil Loschwitz, in dem im 18. Jahrhundert der

große Dichter lebte. Und natürlich auch vorbei am Goldenen Reiter aus dem Jahr 1736, nur wenige Gehminuten vom Hotel entfernt. Zurück über das Blaue Wunder, die Stahlbrücke vom Ende des 19. Jahrhunderts (1893), die beide Ufer Dresdens miteinander verbindet. Zuletzt landet man im 20. Jahrhundert – in Hellerau im Norden Dresdens.

Wenn dort der „Grüne Zipfel" weiß wird, scheint es fast so, als stünde die Zeit endgültig still. Bei Schnee und Eis wandert es sich am besten durch die Straßen mit Namen wie „Am Grünen Zipfel", „Am Sonnenhang" oder „Auf dem Sand".

Hellerau entstand durch eine revolutionäre Idee der damaligen Zeit: Der Vorort sollte neuen Lebensraum für die Arbeiter bieten, die vom Land geflohen waren und in der Stadt in Mietskasernen dahinvegetierten. Der Tischler Karl Schmidt, der 1909 seine neue Fabrik, die Hellerauer Werkstätten, baute und deren Arbeiter später Möbel im Bauhausstil anfertigten, hatte die Idee dazu.

Zentraler Anlaufpunkt für die Zeitreise ist das alte Festspielhaus. Mit seinem bröckelnden Außenputz wirkt das Haus wie schockgefroren. Konserviert in einer Zeit, als Franz Kafka, Oskar Kokoschka oder Stefan Zweig zu den Aufführungen kamen und sich von den Reformideen inspirieren ließen.

Doch lange währte die Zeit freier Gedanken nicht. So empfängt noch heute ein russischer Soldat die Besucher des Festspielhauses. Stolz trägt der Krieger Schwert und Kind in den Armen. Um das Haupt wölben sich die russischen Initialen der Sowjetunion wie ein Heiligenschein. Jeder, der die Treppen des Festspielhauses in Dresdens Vorstadt Hellerau erklimmt, muss unwillkürlich zu diesem übergroßen Kämpfer aufschauen.

Katja Mitic

BÜLOW RESIDENZ DRESDEN

Unterkunft

Bülow Residenz Dresden ●
Rähnitzgasse 19
01097 Dresden
Tel. 0351/800 32 91
www.buelow-residenzen.de
DZ ab 129 Euro
Frühstück 21 Euro p.P.

Bülow Palais
Königstraße 14
01097 Dresden
Tel. 0351/800 30

Besichtigen

Festspielhaus Hellerau
Karl-Liebknecht-Straße 56
01109 Dresden
Tel. 0351/889 38 84
www.festspielhaus-hellerau.com

Anreise

A 13 bis Kreuz Hellerau. Mit der Bahn bis Dresden-Neustadt.

Auskunft

Gartenstadt Hellerau
Tel. 0351/792 41 79
www.dresden-hellerau.de

CHURFÜRSTLICHE WALDSCHAENKE

Von Prinzen und Kurfürsten

Es ist fast wie im Märchen: das Schloss, die Treppe, das steinerne Geländer. Aber nur fast, denn es ist nicht das Aschenbrödel, das an den Sprossen abzählt, ob es zum königlichen Ball gehen soll oder nicht, sondern ein kleines Mädchen, das ganz für sich allein die Szene aus dem berühmten Märchenfilm nachspielt. Auf Schloss Moritzburg, gut 15 Kilometer von der sächsischen Landeshauptstadt Dresden entfernt, wurden im Winter 1972/73 Außenszenen für „Drei Haselnüsse für Aschenbrödel" gedreht, den wohl schönsten deutsch-tschechischen Märchenfilm, der bis heute fest ins Weihnachtsfernsehprogramm gehört.

Große und kleine, deutsche und tschechische Fans können jedes Jahr von November bis Februar im Jagdschloss in die märchenhafte Welt vom Aschenbrödel eintauchen, Kostüme bestaunen, in den nachgebauten Kulissen herumlaufen sowie Filmsequenzen und Interviews mit den Schauspielern anschauen.

Doch auch ganz ohne Aschenbrödel ist Moritzburg einen Besuch wert. Am Jagdschloss Augusts des Starken kommt man nicht vorbei, keine Frage. Hier gibt es die größte Ledertapeten- und Rotwildgeweihsammlung der Welt, das restaurierte Federzimmer des Kurfürsten mit zwei Millionen Federn und das Porzellanquartier im Jägerturm mit 250 Ausstellungsstücken – natürlich zum Thema Jagd.

Kutschfahrt vom Schloss zum Schlösschen

Bereits 1500 wurden unter Herzog Georg dem Bärtigen nördlich von Dresden ein Teichgebiet für die Fischzucht und ein Wald für die Jagd angelegt. 1542 ließ Namensgeber Moritz von Sachsen ein Jagdschloss errichten, für das Kurfürst August der Starke 1723 bei seinem Architekten Matthäus Daniel Pöppelmann große Umbauarbeiten in Auftrag gab. Er wollte ein barockes Jagd- und Lustschloss, das ganze Ensemble ist bis heute erhalten.

Wer die wald- und wasserreiche Moritzburger Kulturlandschaft nicht zu Fuß erkunden mag, für den stehen am Schlossparkplatz Pferdekutschen für Rundfahrten bereit, zum Beispiel zum Fasanenschlösschen. Bei diesem nur 13,5 Meter langen wie breiten Bau ist alles en miniature. Leider sind die Räume nicht beheizbar und deshalb nur von April bis Oktober geöffnet.

Der Bau im sogenannten chinoisen Stil ist trotzdem hübsch anzusehen; bei Wind wird man sogar vom auf dem Dach thronenden

Chinesen mit einem Nicken begrüßt. Außerdem gibt sich Moritzburg hier ganz maritim – mit Leuchtturm und Mole, ebenfalls im Miniformat. Das alles diente allein der Unterhaltung, denn auf dem Bärnsdorfer Großteich wurden im 18. Jahrhundert Seeschlachten nachgespielt.

„Kleinstes Interhotel der DDR“

An der Straße zwischen Schloss und Schlösschen liegt die Churfuerstliche Waldschaenke. Das einstige Torwärterhaus von 1770 ist nach diversen An- und Umbauten heute ein kleines Viersternehotel mitten im Wald. Unter den gewaltigen Jagdtrophäen in der Lobby saßen schon Erich Honecker, Fidel Castro und Franz Josef Strauß, was dieser Herberge den Namen „Kleinstes Interhotel der DDR“ einbrachte. Heute werden neben Familienmitgliedern des Hauses Wettin, dem ehemaligen Ministerpräsidenten Kurt Biedenkopf oder dem Dirigenten Kurt

Masur auch „ganz normale" Gäste empfangen. Die fünf Einzelzimmer, 24 Doppelzimmer und vier Familiensuiten entsprechen modernem Standard.

Auf der Speisekarte finden sich Moritzburger Spiegelkarpfen oder Wildschweinkeule und zum Dessert Sächsische Quarkkäulchen mit Apfelkompott. Am authentischsten speist man im ältesten Teil der Waldschänke: Das Churfuerstenzimmer schmückt ein Jagdfries, die Wände des kleinen Prinzenzimmers tragen dagegen ein dunkles Kleid aus Lamm und Ziege. Die Ledertapete stammt aus dem Schloss und wurde im Jahr 1926 bei Umbauarbeiten an die Waldschaenke weitergegeben. Hingucker in beiden Räumen sind die Öfen aus Meißner Keramik.

Bei so viel Pracht und Adel – egal ob Realität oder Märchen – gerät eine große Künstlerin leicht ins Hintertreffen: Käthe Kollwitz kam 1944 aus dem zerstörten Berlin nach Moritzburg. Im Rüdenhof, nur wenige Gehminuten vom Schloss entfernt, bewohnte sie bis zu ihrem Tod im April 1945 zwei Zimmer. In der oberen Etage des heutigen

Käthe-Kollwitz-Hauses sind Werke der Grafikerin und Bildhauerin ausgestellt, die völlig zu Unrecht von der DDR-Propaganda vereinnahmt wurde. Eingeladen wurde Käthe Kollwitz übrigens von Prinz Ernst Heinrich von Sachsen, dem letzten Schlossherrn von Moritzburg.

Rita Schulze

CHURFÜRSTLICHE WALDSCHAENKE

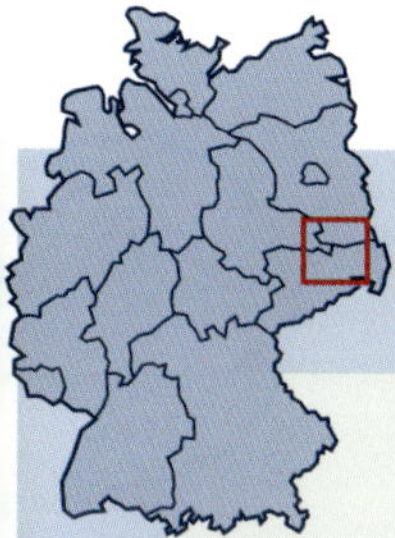

Anreise

A13 bis Radeburg. Mit der Bahn bis Dresden-Neustadt, weiter per Bus oder Schmalspurbahn „Lößnitzdackel“ von Radebeul (per S-Bahn von Dresden erreichbar) nach Moritzburg (www.loessnitzgrundbahn.de).

Auskunft

Touristinformation Moritzburg
Tel. 035207/85 40
www.moritzburg.de

Unterkunft

Churfürstliche Waldschaenke •
Große Fasanenstraße
01468 Moritzburg bei Dresden
Tel. 035207/86 00
www.waldschaenke-moritzburg.de
DZ/F ab 72 Euro
Ankunftszeit ab 16 Uhr

Besichtigen

Schloss Moritzburg und Fasanenschlösschen
Barockschloss Moritzburg
01468 Moritzburg
Tel. 035207/87 30
www.schloss-moritzburg.de
April bis Oktober: Mo–So 10–17.30 Uhr
Februar und März: Sa und So 10–16.30 Uhr

Käthe-Kollwitz-Haus
Meißner Straße
01468 Moritzburg
Tel. 035207/828 18
www.kollwitz-moritzburg.de

GASTSTÄTTE
KAFFEESTUBE
PENSION

Zwischen altem Handwerk und neuem Leben

Holzbalken knarzen, in der Gaststube trällert die Wirtin ein Lied. Ein „Ahuu" weht über die Felder zum Fenster herein. Der Erlichthof am Wolfsradwanderweg mit seinen bis zu 300 Jahre alten Holzhäusern lädt zum Durchatmen, Verweilen und Entdecken ein.

Eingebettet in eine ursprüngliche Atmosphäre, liegt der Erlichthof am Ortsrand von Rietschen in der Oberlausitz. Hohe Bäume umringen das malerische Museumsgehöft und weitere 18 Schrotholzhäuser, die auf eine Reise in die Vergangenheit führen. Es ist, als hätten die Besitzer ihre Fuhrwerke eben erst im Hof abgestellt; als würde im nächsten Moment eine Frau in Tracht ihren Kopf aus einer der dunklen Riesenkaten aus grob behauenem Holz strecken, um Neuankömmlinge zu begrüßen.

Ein herrlicher Rückzugsort

Statt ihrer taucht Anita Szonn auf, zwar in Alltagskleidung aus dem 21. Jahrhundert, aber voller Herzenswärme. Zusammen mit ihrem Mann, einem ehemaligen Schlosser, führt sie das Forsthaus am Erlichthof. Die Gaststätte mit dem dreijochigen Giebelgebinde ist ein herrlicher Rückzugsort. Aus der Küche strömen leckere Gerüche, und unter dem stattlichen Krüppelwalmdach kann der Gast sein müdes Haupt in

einem der niedlichen Fachwerkzimmer betten. Rustikale Bauernmöbel zaubern eine Wohlfühlatmosphäre herbei.

Forsthaus und Museumshof waren die ersten Häuser ihrer Art, die ab 1991 hier wieder aufgebaut wurden. „Nach und nach kamen die anderen Gebäude hinzu“, erklärt Anita Szonn den Werdegang ihrer musealen Heimat. Das Dorf im Dorf mit Bäckerei, Scheunencafé, Schoko-Laden, Handwerker- und Glasstübchen, Webhaus, Keramikscheune, Hofladen und Theaterscheune sowie mehreren Ferienhäusern ist ein Puzzle aus bis zu 300 Jahre alten Schrotholzhäusern, die aus Gemeinden stammen, die dem Braunkohleabbau in der Lausitz weichen mussten. Am Erlichtteich wurden sie originalgetreu wieder zusammengesetzt.

Bis zu seinem Umzug 1993 stand das Forsthaus etwas abseits zwischen den ehemaligen Dörfern Mocholz und Altliebel. Nachdem

es jahrzehntelang von Förstern genutzt wurde, kamen dort nach 1945 Flüchtlinge unter. Seit dem 1. Mai 1998 werden nun Gäste des Erlichthofs darin bekocht. Die gesamte Siedlung der Volksarchitektur ist ein Ort zum Anfassen, zum Erleben und zum Wohnen. In vielen der 18 Bauernhäuser befinden sich hübsche (Langzeit-)Quartiere, in einigen wird traditionellem Handwerk nachgegangen. Hier wird gewebt, getöpfert und gebastelt. Und in der Küche des Hofladens kann der Gast erleben, wie früher gebuttert wurde. 240 Jahre ist diese ehemalige Durchgangsscheune alt. Solche Details erzählt Forsthaus-Wirtin Anita Szonn gern. Auch singend. Mit der Gitarre in der Hand stimmt die ausgebildete Kantorin dann den Erlichthof-Song an. Dazu schmecken die heimischen Speisen beziehungsweise das Wolfsmenü (Waldpilzsuppe und Wildschweinsauerbraten mit Bohnen, Kartoffelklößen und Preiselbeerbirne) noch mal so gut. Zur Verdauung gibt's Rietschener Wolfsblut. Halluzinationen ruft der Schnaps nicht hervor, vielmehr kann es sein, dass des Abends schon mal ein echtes „Ahuu“ über die Felder weht.

Rund um den Erlichthof ist Natur noch Natur, was auch Waldbewohner wie den Wolf anlockt. Nach 150 Jahren Rückzug aus Deutschland haben sich diese Wildtiere hier wieder angesiedelt. Sie kamen über den nicht weit entfernten deutsch-polnischen Grenzfluss, die Neiße, und haben auf dem Gelände des Truppenübungsplatzes das erste deutsche Wolfsrudel gegründet. Gäste im Erlichthof leben mit und inmitten des Daubitzer Rudels. Was nicht bedeutet, dass einem Isegrim auch über den Weg laufen muss. Er meidet Menschen tunlichst.

Wolfsscheune mit „Heulstation“

Wer sich für die Tiere interessiert, kann sich bei den Mitarbeitern des Kontaktbüros Wolfsregion Lausitz oder in der Wolfsscheune des Museumsdorfes mit Präparaten und „Heulstation“ informieren – oder sich Stefan Kaasche und Markus Bathen anschließen. Die Experten vom Naturschutzbund Deutschland führen Interessierte ins knapp 30 Kilometer entfernte Revier des Nochtener Rudels. Dabei lernen die Pfadfinder, Hinterlassenschaftsknäuel der Wölfe zu identifizieren und Fährten von Rehen, Hasen und Füchsen zu lesen. Wer Glück hat, macht in der Steppenlandschaft des renaturierten Braunkohlentagebaugeländes Reichwalde grandiose Entdeckungen: faustgroße Abdrücke von Wolfspfoten.

Anja Reinbothe

FORSTHAUS AM ERLICHTHOF

Anreise

Über A13, A15 und B115 nach Rietschen.
Mit der Bahn über Cottbus.

Unterkunft

Forsthaus am Erlichthof
Am Erlichthof 1
02956 Rietschen
Tel. 035772/405 62
www.forsthaus-erlichthof.de
DZ ab 65 Euro

Besichtigen

Exkursionen und Vorträge zum Thema Wolf
beim Kontaktbüro Wolfsregion Lausitz
Am Erlichthof 15
02956 Rietschen
Tel. 035772/467 62
www.wolfsregion-lausitz.de

Auskunft

Natur- und Touristinformation Erlichthofsiedlung
Tel. 035772/402 35
www.erlichthofsiedlung.de

HOTEL KLOSTER NIMBSCHEN

Auszeit im Sächsischen Burgenland

Langweilig wird ihr nie. Vorbei an schroffen Felsen, sanften Hügeln und weiten Auen zieht sie mal forsch, mal langmütig dahin. Lässt sich auf ihrem Weg durchs sächsische Tal der Burgen von einem ganzen Hofstaat prächtiger Bauten die Aufwartung machen. Der Kinderstube im Erzgebirge ist sie längst entwachsen, wenn ihre Wasser die Türme von Schloss Rochlitz erblicken, das hoch über der Zwickauer Mulde thront. Viel haben die alten Mauern erlebt. Kaiser und Könige kamen und gingen, Kriegen und Belagerungen galt es zu trotzen. Doch das alles interessiert das Flüsschen kaum.

Zwei Mulden

Während die Besucher der Burg durch Gänge und Verliese stromern oder bewundernd vor der „lebendigen“ Version des Dresdner Fürstenzugs innehalten, eilt es weiter. Passiert Colditz samt Schloss, das, mehrfach neu, um- und ausgebaut, vor allem als Gefangenenlager für alliierte Offiziere im Zweiten Weltkrieg Furore machte. Mit wachen Augen schauen die Fenster der einstigen Reichsburg Kaiser Friedrich Barbarossas auf die Ufer der Zwickauer Mulde, die wenig später auf ihr Freiberger Pendant treffen soll. Gemeinsam machen sich die beiden Flussarme auf die Reise, nicht selten einen Tross Kanuten im Schlepptau.

Deutsche Küche mit internationalem Einschlag

Im Kloster- und Mühlental, vor den Toren Grimmas, hat sich am linken Muldenufer das Hotel Kloster Nimbschen ein zauberhaftes Stück Natur erobert. Eingebettet in das endlose Grün von Wiesen und Wald verteilen sich seine Gebäude auf historischem Boden. So erzählen am Rande des drei Hektar großen Areals die malerischen Ruinen des Zisterzienserinnenklosters Marienthron noch immer die abenteuerliche Geschichte seiner berühmtesten Nonne, Katharina von Bora: Infiziert vom Gedankengut der Reformation, flohen Martin Luthers spätere Ehefrau und acht Mitschwestern 1523 aus der Abtei.

Viel Zeit verging, bis 1810 aus dem verfallenen Kloster ein Gutshof mit Stallungen und Scheune wurde, die sein jetziger Besitzer Fred Urban aufwendig und mit Liebe zum Detail sanieren ließ. Unter der offenen Balkenkonstruktion der einstigen Wagenremise sitzt man an elegant eingedeckten Tischen, genießt eine feine deutsche Küche mit internationalem Einschlag, die nach einer Geflügel-Kokossuppe mit Mango und Chicken-Lolli ein Zanderfilet an Spitzkohlgemüse, Senfschaumsoße und Kresserisotto serviert und mit Mousse au Chocolat den Magen schließt.

Ein paar Meter weiter liegt die Klosterschänke, an der ein bequemer Pfad durch den Wald führt, um einen nach gefühlten zwei Kilometern am Anlegesteg einer handbetriebenen Fähre abzuliefern. Ist die Klingel kaputt, hilft lautes Rufen. Ein „Fährmann, hol über" zur anderen Flussseite, und gleich tritt selbiger aus dem einsamen Fährhaus, das sich im Laub der Bäume versteckt. In aller Seelenruhe treibt der Kahn dann über den samtenen Teppich des Stroms und bringt seine Passagiere ans gewünschte Ufer.

Eine Reihe von Glücksmomenten

Von dort aus wandert man im großen Bogen zum nördlich gelegenen Schiffsanleger und sammelt unterwegs einen Glücksmoment nach dem anderen: schlendert mitten hinein ins entzückende Dorf Höfgen mit Wassermühle und Wehrkirche und weiter zur Denkmalschmiede, einer sehenswerten Kultureinrichtung in Kaditzsch. Kehrt zurück auf Feldwegen durch wogenden Roggen und schließlich durch den Jutta-Park zur Schiffmühle, die als technisches Museum auf der Mulde schwimmt. In nächster Nähe macht sich ein Ausflugsschiff auf in Richtung Grimma, jenes schmucke Städtchen mit alten Bürgerhäusern und hübschen Gassen. In traumwandlerischer Langsamkeit folgt das Boot dem Fluss und lässt einen für eine kleine Ewigkeit die Zeit vergessen.

Sabine Mattern

HOTEL KLOSTER NIMBSCHEN

Anreise

A9 bis Schkeuditzer Kreuz, A14 bis Grimma. Mit der Bahn über Leipzig bis Grimma.

Unterkunft

Hotel Kloster Nimbschen ●
Nimbschener Landstraße 1
04668 Grimma
Tel. 03437/99 50
www.kloster-nimbschen.de
DZ im Dreisternegästehaus 79 Euro
DZ im Viersternehotel ab 98 Euro

Besichtigen

Schloss Colditz
Schlossgasse 1, 04680 Colditz
Tel.034381/437 77
www.schloss-colditz.com
April bis Oktober: Mo–So 10–17 Uhr
November bis März: Mo–So 10–16 Uhr

Schloss Rochlitz
Sörnziger Weg 1, 09306 Rochlitz
Tel. 03737/49 23 10
www.schloss-rochlitz.de
März: Sa und So 10–17 Uhr
April bis Oktober: Di–Fr 11.30–17 Uhr
Sa und So 10–17 Uhr
November bis Februar: geschlossen

Auskunft

Tourismusverband Sächsisches Burgen- und Heideland, Waldheim
Tel. 034327/96 60
www.saechsisches-burgenland.de

Tourismus Marketing Gesellschaft Sachsen
Tel. 0351/491 70 25
www.sachsen-tourismus.de
www.naturpark-muldenland.de
www.grimma.de

PARKSTADTHOTEL BAD MUSKAU

Ein Hauch von weiter Welt im Pückler-Park von Bad Muskau

Vom lebensfrohen Fürst Hermann von Pückler (1785–1871) heißt es, er habe zum leidigen Geld ein eher nonchalantes Verhältnis gepflegt. Andernfalls wäre es wohl auch schwer geworden, Anfang und Mitte des 19. Jahrhunderts all die Reisen zu unternehmen, die ihn von Bad Muskau in der Oberlausitz nach Paris und Neapel, nach Tunis und Jerusalem führen sollten, von Sudan und Delphi ganz zu schweigen. Und was wäre aus seinem heimatlichen Schloss geworden mitsamt dem schönen, nach englischem Vorbild gestalteten Landschaftsgarten? Nun, irgendwann hatte den Fürsten die Fortüne im Geldjonglieren verlassen, sodass er 1845 Bad Muskau verkaufen musste. Vorher aber hatte er etwas geschaffen, was noch heute die Menschen erfreut und staunen macht, dies- und jenseits des Neiße-Ufers.

War es also womöglich das finanzielle Auf und Ab im Leben des galanten Fürsten, das ein sympathisches Ehepaar aus Wuppertal auf die Idee gebracht hatte, oberhalb des Pückler-Parks nicht nur ein Landhotel zu kaufen, sondern den Gästen auch etwas Unkonventionelles vorzuschlagen? „Das war mehr als ein PR-Gag", erinnern sich Lucia und Holger Lauterbach. „Wir sagten damals: kostenlose Übernachtung – ohne Wenn und Aber. Zuerst waren die Leute natürlich etwas misstrauisch, denn wo war der Haken?" Aber es gab keinen Haken – nicht bei diesen zwei aus dem Umfeld der Waldorfschulen kommenden Neuhoteliers. Selbstverständlich bestand der Zweck des Angebots auch darin, Reisende in jene waldreiche Gegend an der polnischen Grenze zu locken, die bislang noch nicht einmal ahnten, was für ein Kleinod sich hier im pücklerschen Bad Muskau verbarg. Später hat man dann mit Gleichgesinnten sogar einen Verein gegründet, der bei sogenannten Ostreisen Hilfe und Orientierung bietet (www.der-osten-laedt-ein.de).

Zuerst kostenlose Übernachtung

Mittlerweile aber hat es sich herumgesprochen, und nicht nur Berliner Wochenendtouristen, sondern auch Fahrradfans aus dem gesamten Bundesgebiet machen im Parkstadthotel Rast – verläuft doch quasi

nebenan der Radweg von Tschechien zur Ostsee. Auch Seminare können hier abgehalten werden, wenn auch das Gratiskonzept für die Übernachtungen inzwischen leicht modifiziert worden ist. „Über den Verein werden Zimmer von Samstag bis Samstag vergeben. Am Ende des Aufenthaltes bestimmt jeder Gast selbst, wie viel er für die Übernachtung zahlen möchte. Auf der Basis unserer momentanen Betriebskostenkalkulation benötigen wir im Schnitt 15 Euro pro Person und Übernachtung. Durchschnittlich zahlen unsere Gäste freiwillig circa 18 Euro, dies ist eben eine besondere Form der Wertschätzung", sagt Lucia Lauterbach. Das reichhaltige Frühstücksbüffet für 9 Euro ist preislich ebenso moderat wie das sechsgängige Abendessen für 17 Euro – aber auch hier gibt es keinen Zwang, unbedingt im Hotel essen zu müssen.

Detailgetreue Rekonstruktion

Wahrscheinlich ist es sogar dieser sympathische Eigensinn, der dann so richtig einstimmt auf eine Tour quer durch den 830 Hektar großen

Park, der seit 2004 den stolzen Titel eines Unesco-Weltkulturerbes trägt. Da sind zuerst einmal der Wald und der Fluss, ein schwarz-rot-gold gestrichener Grenzpfahl diesseits der Neiße, ein rot-weißes Pendant am anderen Ufer. Parallel dazu verläuft der Weg, der sich jedoch alsbald in elegante Kurven und Abzweigungen gabelt. Ein sanfter Hügel mit Pavillon, dahinter Rhododendronsträucher und Blumenrabatten und dann – wieder in Flusshöhe – ein kleiner See. Und an seinem Ufer der rote Turm mit der violetten Kuppel, auf der eine Art zweiteiliger Krone sitzt, diese wiederum gekrönt von der Skulptur eines grazilen Speerwerfers.

Kitsch? Aber nicht doch. Nur die detailgetreue Rekonstruktion des ehemals pücklerschen, später dann arnimschen Schlosses, das in den Tagen nach Kriegsende einer bis heute ungeklärten

Brandstiftung zum Opfer gefallen war, zu DDR-Zeiten (als Pückler als aristokratischer „Kosmopolit“ eher misstrauisch beäugt wurde) vor sich hin rottete und erst in den letzten Jahren wieder in alter Pracht hergestellt werden konnte. Oder sagen wir besser: in neuer Perspektive. Denn so wie seit einiger Zeit Fahrradbrücken über die Neiße führen, damit man auch im seit 1945 polnischen Teil des Parks seine Runden drehen kann, so ist die Pückler-Ausstellung im Schloss bewusst zweisprachig: auf Polnisch und Deutsch.

Marko Martin

PARKSTADTHOTEL BAD MUSKAU

Unterkunft

Parkstadthotel Bad Muskau •
Schulstraße 45
02953 Bad Muskau
Tel. 035771/68 60
www.parkstadthotel.de
freie Selbsteinschätzung der Übernachtungskosten bei Wochenbuchung

Auskunft

Stiftung Fürst-Pückler-Park Bad Muskau
Tourismuszentrum Muskauer Park
Neues Schloss
02953 Bad Muskau
Tel. 035771/631 00
www.muskauer-park.de

Anreise

A13 bis AD Spreewald, A15 bis AS Roggosen, weiter über Felixsee und B115 bis Bad Muskau. Mit der Bahn über Cottbus nach Weißwasser, von dort weiter mit dem Bus 250 nach Bad Muskau.

QUIRLE-HÄUSL

Bergidyll weitab vom Schuss

In das winzige Mittelgebirge, das sich im äußersten Winkel Sachsens, grenznah zu Tschechien und Polen, verbirgt, hat längst der Frost Einzug gehalten. Klamme Kälte herrscht über der einsamen Wald- und Felslandschaft. Sie zieht sich bis zum Berg Lausche, dem mit 793 Metern höchsten Gipfel des Zittauer Gebirges. Am Fuße dieses Berges versammeln sich derweil die Häuser von Waltersdorf, einem wahren Juwel im Dörferreigen der Oberlausitz. Erstarrt vom Atem des Winters, liegen die Gärten des Örtchens in tiefem Schlaf. Freudlos umarmen sie nun ein beachtliches Ensemble wundervoller Umgebindehäuser, deren Kombination von Blockbau und Fachwerk ein typisches Bild der Gegend entwirft. Ein Stück Wohntradition, die in der Hauptstraße nicht nur von außen erlebt werden kann.

Familiär geführter Landgasthof

Im Quirle-Häusl, das in seinem Namen auf die ureigene, R-rollende Sprechweise der Oberlausitzer, das „Quirlen", verweist, paart sich rustikales Ambiente mit modernem Hotelkomfort. 14 behagliche Zimmer sind das Ergebnis der Restaurierung, die das über 170 Jahre alte Baudenkmal 1999 in einen Ort zum Wohlfühlen verwandelte. Natürliche Materialien, Farben, die die Seele wärmen, und viel Holz laden zum Kommen und Bleiben. Neben einem ruhigen Bett für die Nacht findet der Gast in dem familiär geführten Landgasthof auch einen gut gedeckten Tisch. Leichtes wie Deftiges serviert die Küche, neue Kreationen ebenso wie „Stupperle" (Kartoffelkloß auf Oberlausitzer Art) und andere bekannte Speisen der Gegend. Besonders heimelig sitzt man im urigen Weinkeller. Oder in der Blockstube darüber: auf gemütlichen Bänken und unter alten Deckenbalken, im Ohr das Knistern des Feuers und in der Nase den Duft von Brot oder Bratäpfeln, der dem Backofen entströmt. Ergänzt wird das Übernachtungsangebot des Quirle-Häusl durch das komplett renovierte „Kaiserliche Postamt". In dem Bau von 1900 mit Klinkerfassade und Fachwerkturm gibt es auch einen kleinen Wellnessbereich mit Salzgrotte.

Volksmusik in historischen Mauern

Fehlt eigentlich nur noch die Unterhaltung für einen Rund-um-gelungen-Urlaub. Die Häusl-Betreiber jedenfalls tun dafür mit regelmäßigen

Veranstaltungen ihr Bestes. Vor allem, wenn das prominente Gastgeberpaar, Kathrin und Peter Kunze, Kostproben seiner Sangeskunst gibt, und sich die historischen Mauern mit Volksmusik füllen. Den Rest erledigt die Natur: Waltersdorf gilt als schneesicherster Ort des Zittauer Gebirges; da kann es jetzt also kein Fehler sein, neben den Wanderschuhen Skier wie Schlitten im Gepäck zu haben.

Aber auch für die Unternehmungslüste der Anti-Sport-Fraktion stellt das Minibergland, das 2008 zum 100. Naturpark Deutschlands erklärt wurde, manch schönes Erlebnis in Aussicht. So zuckelt nicht weit von Waltersdorf eine historische Schmalspurbahn unter Tuten und Bimmeln durch die Landschaft, verbindet die Stadt Zittau mit den bekannten Kurorten Jonsdorf und Oybin. Der Entdeckung der Langsamkeit gibt man sich hier in den altmodischen Personenwagen hin, während von draußen die Bilder der Region durchs Fenster lugen. Am Endpunkt Oybin thront dann der gleichnamige Berg mit seinen wulstigen Sandsteinbeulen 514 Meter hoch über dem lauschigen Ort. Treppauf, vorbei an der barocken Bergkirche mit sehenswerten Malereien im Inneren, und weiter durch die Ritterschlucht geht's schließlich nach oben. Wo die mittelalterlichen Überreste der Burg- und Klosteranlage wie faule Zähne aus dem Maul des Berges ragen. Wo sich ringsum wilde Felsgesellen in einer traumhaften Naturszenerie eingerichtet haben. Nur zwölf Schmalspurkilometer trennen Oybin von Zittau, einer städtischen Perle mit viel Geschichte. Bauten aus unterschiedlichen Stilepochen schmücken hier großzügige Plätze und enge Gassen, bilden die perfekte Kulisse für einen Bummel: vorbei an der Johanniskirche, aus deren lichten Höhen mittags der Türmer die Trompete bläst, oder am Rathaus, das im Gewand eines italienischen Palazzos steckt, vorbei an Salzhaus und Fleischerbastei.

Und wohl niemand wird Zittau verlassen, ohne die Fastentücher bewundert zu haben. Ins Franziskanerkloster führt einmal der Weg zu jenen textilen Kostbarkeiten des Mittelalters. Und auch in die Kirche zum Heiligen Kreuz, die sich über einem alten Friedhof erhebt, über verwitterten Grabsteinen, ein verwunschener Ort. Sabine Mattern

QUIRLE-HÄUSL

Anreise

A13 und A15 Richtung Cottbus bis Roggosen, B115 in Richtung Görlitz, B99 nach Zittau. Mit Regional-Express bis Cottbus, von dort mit der Lausitzbahn über Görlitz nach Zittau.

Auskunft

Touristinformation Waltersdorf
Tel. 035841/21 46
www.erholungsort-waltersdorf.de

Touristinformation Zittau
Tel. 03583/75 21 37, www.zittau.eu

Unterkunft

Quirle-Häusl ●
Hauptstraße 45/51/52
02799 Waltersdorf – Oberlausitz
Tel. 035841/60 60 60
www.quirle.de
DZ ab 79 Euro

Besichtigen

Burg und Kloster Oybin
Hauptstraße 16, 02797 Kurort Oybin
Tel. 035844/733 13
www.burgundkloster-oybin.de
November bis März: Mo – So 10 – 16 Uhr
April bis Oktober: Mo – So 9 – 18 Uhr

Museum Kirche zum Heiligen Kreuz – Großes Zittauer Fastentuch
Frauenstraße 23, 02763 Zittau
Tel. 03583/500 89 20
www.zittauer-fastentuecher.de
April bis Oktober: Mo – So 10 – 18 Uhr
November – März: Di – So 10 – 17 Uhr

Zittauer Schmalspurbahn in die Kurorte Jonsdorf und Oybin
Bahnhofstraße 41, 02763 Zittau
Tel. 03583/54 05 40
www.soeg-zittau.de

ROMANTIK HOTEL JAGDHAUS WALDIDYLL

Ein Weihnachtslicht im Erzgebirge

Von drauß' vom Walde, da kommt der Wanderer her./ Und er muss schon sagen: Es friert ihn doch sehr. Zum Glück zwischen den Tannenspitzen,/ sieht er ein Haus mit Kaminfeuer blitzen. Auch wenn wir glaubten, immun zu sein: Im Erzgebirge weihnachtet es so sehr, dass wir einfach selber dichten müssen. Das Romantik Hotel Jagdhaus Waldidyll, ein Steinhaus mit gelben Fensterläden, grauem Schieferdach, Teich und gusseisernem Lichterbogen an der Auffahrt, ruft quasi nach poesievollen Worten. Ein Haus wie aus einem Märchen; als käme gleich Knecht Ruprecht in die Lobby gestiefelt; als hätte der Weihnachtsmann nur mal eben seinen Schlitten um die Ecke in Hartenstein geparkt.

Geführt im Generationenbetrieb

„Das Erzgebirge hat sich das Urige bewahrt", erklärt Waldidyll-Chefin Andrea Kahl die Herkunft dieses besinnlichen Gefühls, das an Kindheit erinnert, als man noch nicht wusste, wer unter dem roten Mantel steckte. Die Familie von Andrea Kahl wurde selbst von diesem Gefühl überwältigt, als sie das Haus Anfang der 90er-Jahre erstmals erblickte. Gemeinsam mit ihrer Mutter hat sie das Haus komplett saniert und führt es seitdem im Generationenbetrieb – bis hin zur achtjährigen Tochter Aurelia. 1932 entstand das Haus, es diente zu DDR-Zeiten als Erholungsheim für Bergleute.

Erst nach aufwendigen Renovierungen und einem Neubau erhielt das Gebäude den historischen Charme eines Jagdhäuschens: knarzige Treppendielen, neuenglisch karierte Ohrensessel vor dem Kamin, geblümte Teppiche, handbemalte Waschbecken, eine alte Holzkasse mit Tasten groß wie einst Fünfmarkstücke, schmiedeeiserne Bettgestelle, bestickte Tischläufer und natürlich reihenweise Handgeschnitztes.

Räucherkerzen aus dem Automaten

Obwohl die Familie ursprünglich aus dem bayerischen Landshut stammt, pflegt sie die Tradition des sächsischen Erzgebirges. Beispielsweise wird beim „Hutz'n-Obnd" (sächsisch für: geselliger Abend) im Restaurant des Waldidylls ein Sechs-Gänge-Romantik-Menü serviert, während ein Zitherspieler eine spitzenklöppelnde Geschichtenerzählerin begleitet – ganz so, wie einst die Familien gemeinsam die Abende verbrachten, wenn es draußen dunkel und kalt wurde, man zusammenrückte, um Holz zu sparen für den langen Winter. Zum Zeitvertreib schnitzten die Männer aus den Holzscheiten Figuren.

Heute ist das Erzgebirge dafür in der ganzen Welt berühmt. Fast in jeder Stadt lädt eine Schauwerkstatt ein, in der Engelchen, Schneemänner und natürlich die Räuchermännchen entstehen. Im Werkstattmuseum „Zum Weihrichkarzl", bei der Firma Huss und deren in Sehmatal-Neudorf, können Räucherkerzen sogar selbst geknetet werden – mit Fichten-, Lavendel- und auch Schokoladenduft.

Licht spielt eine besondere Rolle

Wahrzeichen des Erzgebirges bleiben jedoch die beleuchteten Pyramiden, die sich durch die aufsteigende Wärme der Kerzen drehen. Dunkelheit und Licht, beides spielt im Erzgebirge seit jeher eine besondere Rolle, da Bergbau die Region seit Jahrhunderten prägt und deren Überreste hinter jedem Hügel in Form von Zechen, verlassenen Fördertürmen oder Bergbaumuseen zu finden sind.

„Das Licht war für die Bergleute immer ein Zeichen, dass sie sicher heimkommen. Der Stollen war dunkel. Das Licht bedeutete, bald zu Hause zu sein", sagt die Hotelchefin. So werden die Weihnachtsmärkte oft von meterhohen Pyramiden erleuchtet. In Schwarzenberg steht beispielsweise die Krauß-Pyramide – sieben Meter hoch und mit einer Flügelbreite von drei Metern. Seit 75 Jahren erhellt sie den Markt, auf dem es nach gebrannten Mandeln, Zuckerwatte und Glühwein duftet und auf dem natürlich auch Christstollen angeboten wird.

Wer zu Weihnachten lieber selbst bäckt, der muss auch darauf im Waldidyll nicht verzichten. Gäste können in der Adventszeit Stollenbackseminare belegen. Unter Anleitung von Bäckermeister Karl Sachse wird geknetet, gerührt, geformt, gebacken und mit Puderzucker gestreut. „Selbstverständlich können die Gäste ihr Stück dann mitnehmen", sagt Andrea Kahl. Und das sei nicht gerade wenig.

Katja Mitic

ROMANTIK HOTEL JAGDHAUS WALDIDYLL

Anfahrt

A13 bis Dresden, A72 bis Lichtenstein, weiter nach Hartenstein. Mit der Bahn über Leipzig und Zwickau nach Hartenstein.

Unterkunft

Romantik Hotel Jagdhaus Waldidyll
Talstraße 1
08118 Hartenstein
Tel. 037605/240
www.waldidyll.he-webpack.de
DZ ab 116 Euro

Besichtigen

Räucherkerzenwerkstatt Jürgen Huss
Karlsbader Straße 187–189
09465 Sehmatal-Neudorf
Tel. 03733/18 80 00
www.weihrichkarzl.de
Mo–Sa 10–18 Uhr

Auskunft

Tourismusverband Erzgebirge
Annaberg-Buchholz, Tel. 03733/18 80 00
www.erzgebirge-tourismus.de

VILLA SORGENFREI

Schöne Aussichten im Sächsischen Weinland

Sonnenscheinstunden, Oechslegrade, Ertragsrebfläche: Die Zahlen schwirren im Kopf umher, als der erste Wein probiert wird ein Goldriesling. „Ein idealer Frühstückswein", schwärmt Thomas Teubert, Weinbergsführer und Winzer im Anbaugebiet Goldener Wagen hoch über Radebeul. „Leicht, jung, mit Apfelaroma – und eine Rarität: Diese Traube wird nur noch im Sächsischen Elbland angebaut."

850 Jahre alt ist die Tradition des Weinbaus in Sachsen. Das Datum der urkundlichen Ersterwähnung ist 1161. Legenden weisen aber darauf hin, dass in der Region bereits viel früher Wein angebaut wurde. Ob es Bischof Benno von Meißen (1010–1106) war, der seinen Bischofsstab in den Boden gesteckt haben soll, an dem dann Wein hinaufkletterte, oder ob fränkische Mönche den Wein hierher brachten, sei dahingestellt. Ebenso, ob nun Sachsen das kleinste Weinanbaugebiet Deutschlands ist oder die Hessische Bergstraße – das ist nur eine Frage der Zählung. Auf jeden Fall ist es das nordöstlichste der Republik, und hier gedeihen Trauben, allen voran Müller-Thurgau, für im wahrsten Wortsinn ausgezeichnete Weine.

Das „Nizza Sachsens"

Hier setzt man auf Klasse statt auf Masse. Beliefert werden nur Privatpersonen, Einzelhändler und Restaurants; ansonsten wird vor Ort verkauft.

„Wein ist in Sachsen Mittel zum Zweck“, erklärt Thomas Teubert, „er soll die Touristen in unsere Kulturlandschaft bringen.“ Auf 55,5 Kilometern zieht sich die Sächsische Weinstraße von Pirna über Dresden und Meißen nach Diesbar-Seußlitz. Das Weingutmuseum Hoflößnitz und das Weingut von Karl Friedrich Aust mit dem historischen Meinholdschen Turmhaus gehören ebenso zu den Höhepunkten wie das Weingut Schloss Proschwitz von Prinz zur Lippe oder das Weinhaus Schuh.

Als „Nizza Sachsens“ werden die Hänge des Sächsischen Elblands gern bezeichnet. Hier scheint die Sonne nicht nur öfter und länger als anderswo im Freistaat, die Strahlung wird auch noch durch die Reflexion vom Fluss verstärkt. Das sorgt für mildes Klima. Und tatsächlich kommt ein mediterranes Gefühl auf zwischen den steilen Weinterrassen, den Pappeln, die man mit gutem Willen als Zypressen durchgehen lassen kann, und den pastellfarbenen Villen.

Ein Händchen für das Besondere

Eine davon steht im Dresdner Nobelvorort Radebeul, nennt sich Villa Sorgenfrei und ist heute ein hübsches Hotel mit 14 Doppelzimmern und einer Suite im separaten Winzerhaus. Mit Millionenaufwand wurde das ehemalige Sommerschlösschen der Freiherren von Gregory originalgetreu restauriert: alte Holz- und Steinfußböden, gemalte Blüten-Girlanden an den Wänden, Rokoko-Sesselchen und eiserne Bettgestelle, selbst den Fenstern sieht man erst auf den zweiten Blick an, dass sie neu sind. Die Heizung wurde in den Fußbodenleisten verlegt; nur elektrisches Licht, Fernseher und Telefon sowie das moderne Bad erinnern den Gast daran, dass er nicht im 18. Jahrhundert gelandet ist. Die Geschäftsführer Julia und Björn Zierow haben ein Händchen für das Besondere, fern von Protz und Kitsch.

Im Garten hinter dem Haus wuchert Efeu um alte Sandsteinskulpturen, auf den Wiesen laden Liegen zur Entspannung ein. Rosen- und Hortensienbüsche liefern den Nachschub für die Tischdekoration im Fest- und Gartensaal mit großem Kristalllüster und hohen Sprossenfenstern zum Französischen Garten an der Vorderfront. Serviert wird leichte, klassisch-französische Küche – bei schönem Wetter auch auf der Terrasse.

Wenige Meter von der Villa entfernt verläuft der Sächsische Weinwanderweg. Auf 99 Kilometern ist man hier den Trauben ein ganzes Stück näher als auf der Weinstraße. Im Herbst ist Federweißer-Zeit; das Getränk auf dem Weg vom Traubensaft zum Wein wird allerorts zu Zwiebelkuchen und „Fettbemmchen" (Schmalzstullen) ausgeschenkt – beim Hobbywinzer oder auf dem Erlebnisweingut Schloss Wackerbarth, das über einen rückwegsichernden Straßenbahnanschluss verfügt. Wer hier einen Tag lang unterwegs ist, weiß, dass Rosen nicht einfach zur Zierde am Weinstock stehen; sie zeigen frühzeitig, ob sich ein Mehltau-Befall ankündigt. Oder dass es sich bei der Sachsenkeule nicht um ein

Schlagwerkzeug handelt, sondern um eine Flaschenform. Und nicht zuletzt kann er am Abend dank zahlreicher Einkehrmöglichkeiten zungenbrecherische Ortsnamen wie Zitzschewig oder Altkötzschenbroda mit ungeahnter Leichtigkeit aussprechen.

Rita Schulze

VILLA SORGENFREI

Unterkunft

Villa Sorgenfrei
Augustusweg 48
01445 Radebeul
Tel. 0351/795 66 60
www.hotel-villa-sorgenfrei.de
DZ ab 99 Euro

Besichtigen

Weingutmuseum Hoflößnitz
Knohllweg 37
01445 Radebeul
Tel. 0351/839 83 41
www.hofloessnitz.de
April bis Oktober: Di–So 10–17 Uhr
November bis März: Di–Fr 12–16 Uhr
Sa und So 11–17 Uhr

Erlebnisweingut Wackerbarth
Wackerbarthstraße 1
01445 Radebeul
Tel. 0351/895 50
www.schloss-wackerbarth.de
Mo–So 9.30–20 Uhr

Anreise

Mit dem Auto über A13 und A4. Mit der Bahn bis Dresden, weiter mit der S-Bahn bis Radebeul.

Auskunft

Tourismusverband Sächsisches Elbland, Meißen
Tel. 03521/63 50, www.elbland.de

Tourismus Marketing Gesellschaft Sachsen
Tel. 0351/49 17 00, www.sachsen-tourismus.de

Hotel und Restaurant
Alte Canzley

In Wittenberg ist die Welt zuhause

Vor der Wittenberger Schlosskirche sammeln sich Marktfrauen mit Henkelkörbchen und Nachtwächter mit Federbarett. Noch ein Schwätzchen, dann kommen schon die ersten Teilnehmer der „Wittenberger Nachtgeschichten".

Die berühmte Thesentür ist Treffpunkt der Stadtführungen; und den besten Blick darauf und das Geschehen davor hat man von der Alten Canzley. Sie gilt als eines der ältesten Gebäude Wittenbergs, historische Aufzeichnungen datieren auf das Jahr 1391 zurück. 1521, vier Jahre, nachdem Luther gegenüber seine 95 Thesen gegen den Ablasshandel angeschlagen haben soll, zog der Kanzler Justus Jonas in das Gebäude. Zusammen mit Martin Luther und Philipp Melanchthon half er dabei, die Heilige Schrift in die gesprochene Sprache zu übersetzen. Bis ins 18. Jahrhundert wurde das Gebäude als Gästehaus für Könige genutzt, so übernachtete hier 1707 der schwedische König Karl XII. und 1712 der russische Zar Peter der Große. Danach wechselten die Funktionen: Lager für Napoleons Truppen auf dem Marsch nach Russland, Hebammenschule, Kommandozentrale der Feuerwehr; Leerstand zwischen 1990 und 1998, 1999 dann der Umbau zum Hotel, das Ende 2003 eröffnet wurde.

Hotelchefin Christa Rath ist ursprünglich Heilpraktikerin, Gesundheit ist deshalb ein Thema in dem Nichtraucherhaus, das auch für Allergiker geeignet ist: Die Wände der großzügigen Apartments (27 bis 65

Quadratmeter) sind mit Quark-Ölfarbe gestrichen, die dunklen Möbel sind mit pflanzengefärbten Ölen behandelt, der Fußboden ist mit Korkplatten ausgelegt.

Die Schlosskirche im Blick

Benannt sind die schlicht-schönen Zimmer nach Persönlichkeiten, die mehr oder weniger in Verbindung zur Stadt stehen. Neben dem früheren Hausherrn Justus Jonas und dem Übernachtungsgast Peter dem Großen sind das unter anderem William Shakespeare (der seinen „Hamlet“ in Wittenberg studieren lässt), Michael Agricola (der tatsächlich in Wittenberg studierte und als Vater der finnischen Literatursprache gilt) oder Martin Luther King (dessen Vater seinen und den Vornamen seines Sohnes nach einer Europareise zu Ehren des Reformators von Michael in Martin Luther änderte). Von sechs der acht Apartments hat man die Schlosskirche im Blick und im Ohr, wenn während der Gottesdienste Orgelmusik herüberklingt.

Sachsen-Anhalts erstes Bio-Restaurant

Das Hotelrestaurant ist das erste zertifizierte Bio-Restaurant Sachsen-Anhalts. Zusätzlich zur regulären Karte gibt es mittelalterliche Speisen (zum Beispiel Ziegenkäsetaler nach einem Rezept von Katharina

Melanchthon oder gebratene Geflügelbrust in Honigsoße mit Erbsbrei und Wurzelgemüse) oder auch Besonderheiten wie Nudeln aus Kamut, einer Urform des Weizens, die leicht nussig schmecken. Zu bestimmten Terminen werden spezielle Menüs samt Kulturprogramm serviert: Das Repertoire reicht von kulinarisch-literarischen Salonabenden bis zu den so berühmten wie streitbaren Tischreden Luthers.

Im Zweiten Weltkrieg wurde Wittenberg nur von zwei Bomben getroffen, so ist viel alte Bausubstanz erhalten geblieben und mittlerweile restauriert. Zwei überbaute Bachverläufe sind in der Altstadt teilweise freigelegt worden und sorgen für ein fast südländisches Flair. Begrünte Höfe widmen sich Kunst und Kultur, allen voran die Cranachhöfe, wo einst Lucas Cranach gemalt und Hans Lufft Bibeln für das Volk gedruckt hat.

Radtour zum Welterbe

Wittenberg wirkt international wie kaum eine andere Mittelstadt in Ostdeutschland. Schließlich gehört sie zu den bedeutendsten Stätten der deutschen Geschichte und ist mit ihrem Unesco-Welterbe ein touristischer Wallfahrtsort. Dabei sind die Kultur- und Geschichtstouristen zu einem nicht unerheblichen Teil jung und sportlich: Zu verdanken ist das dem Radfernweg R1, dem Radweg Berlin-Leipzig und dem Elberadweg, die sich am Marktplatz kreuzen.

Den Beinamen „Lutherstadt" trägt Wittenberg seit 1938, beim Rundgang von der Schlosskirche zum Lutherhaus durch die autofreie Altstadt „luthert" es denn auch auf Schritt und Tritt: Vor dem Alten Rathaus strahlen die 2010 restaurierten Statuen des Reformators und seines Freundes Melanchthon. Jedes Jahr wird im Juni drei Tage lang

„Luthers Hochzeit“ gefeiert und am 31. Oktober das Reformationsfest. Und die passenden Souvenirs gibt es im Luthershop: Lutherbrodt, Lutherbier und Luthersocken.

Rita Schulze

ALTE CANZLEY

Anreise

Über die A 9 oder die B 2.
Per IC oder ICE direkt nach Wittenberg.

Auskunft

Wittenberg-Information
Tel. 03491/49 86 10
www.lutherstadt-wittenberg.de

Unterkunft

Alte Canzley
Schloßplatz 3
06886 Lutherstadt Wittenberg
Tel. 03491/42 91 90
www.alte-canzley.de
DZ ab 85 Euro

Besichtigen

Schlosskirche Wittenberg
Schlossplatz , 06886 Lutherstadt Wittenberg
Tel. 03491/40 25 85
www.schlosskirche-wittenberg.de

Vom Osterwochenende (Karfreitag) bis zum 31. Oktober:
Mo – Sa 10 – 18 Uhr, So 11 – 18 Uhr
Vom 1. November bis zum Osterwochenende: Mo – Sa 10 – 16 Uhr, So 11 – 16 Uhr

Cranach-Höfe
Markt 4, 06886 Lutherstadt Wittenberg
Tel. 03491/420 19 11
www.cranach-stiftung.de

Lutherhaus und weitere Lutherstätten
Lutherstraße 15, 06295 Lutherstadt Eisleben
Tel. 03475/71 47 80
www.wege-zu-luther.de

HERRENKRUG PARKHOTEL

Wohnen und Tafeln mit Parkblick

„Wenn ich nicht im Büro bin, dann bin ich im Herrenkrug", pflegte der Magdeburger Bürgermeister August Wilhelm Francke (1785–1851) einst zu sagen. Unter seiner Verantwortung entstand der Herrenkrug-Park an der Elbe, der mit seinem schönen alten Baumbestand noch heute beliebtes Naherholungsziel der Einwohner der Landeshauptstadt Sachsen-Anhalts ist.

Bereits Mitte des 17. Jahrhunderts wurde das Areal aus dem Besitz der Magdeburger Ratsherren zur Holzgewinnung und als Weide genutzt. Neben einem Wärterhaus gab es eine Meierei und bald auch einen Bierausschank, in dem die hohen Herren gern zu Gast waren – damit war der Name Herrenkrug für diesen Stadtteil geboren.

Der Zweite Weltkrieg richtete keinen großen Schaden an, wohl aber die Jahre der DDR. Der Park war von der sowjetischen Armee „besetzt“, das prächtige Gesellschaftshaus wurde abgerissen, die anderen Gebäude durch hässliche Spanplattenverkleidungen entstellt oder aus Geldmangel dem Verfall preisgegeben. Mit dem Mauerfall kam die Rettung in Person eines Hamburger Architekten, der den Herrenkrug für wiederaufbauenswert befand.

Der Eiskeller als Herzstück

Der Eiskeller, in dem einst Bier, Quark und Käse lagerten, ist heute Herzstück des 1994 eröffneten Herrenkrug Park Hotels; der Ballsaal strahlt wieder im schönsten Jugendstil ebenso wie die ehemalige Ausflugsgaststätte, die nun als Restaurant Die Saison von „Gault Millau“ und „Feinschmecker“ mehrfach prämiert wurde. Das Haus gehört zu den besten Tagungshotels in Deutschland, hat 100 Doppel- und 26 Einzelzimmer, 20 Juniorsuiten und eine Suite – fast alle mit Blick auf den Park. Aussicht auf die mächtigen Laubbäume und dazwischen umherflitzende Eichhörnchen gibt es auch von der Sauna und vom Schwimmbad aus. Daneben werden im Wellnessbereich diverse Behandlungen angeboten.

An das Grün des Herrenkrug-Parks schließt sich der Elbauenpark an. Auch er geht auf die Initiative eines Bürgermeisters zurück: Nach mehrjähriger Bauzeit war das ehemalige Kasernengelände auf dem Cracauer Anger 1999 für die Bundesgartenschau hergerichtet. Mittendrin steht der Jahrtausendturm, in dem man auf sechs Etagen wissenschaftlichen

Entdeckungen aus 600 Jahren auf den Grund gehen kann. Die oberste Etage gewährt freien Blick auf Fluss, Stadt und die Panoramabahn, die auf einem Rundkurs hoch über den Blumenbeeten und Rasenflächen fährt. Sie bedecken die „Ruhestätte" des alten Magdeburg, denn hier wurden die Trümmer der im Januar 1945 zerstörten Innenstadt aufgeschüttet.

„Walk of Fame" für Sportler

Vor dem Bombenhagel galt der Breite Weg als schönste Barockstraße Europas, geblieben sind zwei Häuser; ansonsten lohnt sich auf der Flaniermeile vor allem der Blick nach unten – auf den „Sports Walk of Fame", mit dem Magdeburg ein bisschen auf Hollywood macht. Während es dort Sterne für Stars gibt, sind es hier Medaillen für Sportgrößen: Auf den Bodenplatten sind unter anderem die Namen von Handballer Stefan Kretzschmar, Torschütze Jürgen Sparwasser und Radsportlegende Gustav-Adolf „Täve" Schur verewigt. Zwischen öden Nachkriegs- und Nachwendebauten gibt es aber auch noch einen architektonischen Hingucker: die Grüne Zitadelle, das letzte Projekt des österreichischen Künstlers Friedensreich Hundertwasser. Der Name mag verwirren – das Gebäude erstrahlt in zartem Schweinchenrosa –, er ist jedoch den auf mehreren Ebenen angepflanzten Bäumen zu verdanken. Neben Wohnungen befinden sich hier ein Hotel, Geschäfte und Cafés.

Von hier ist es nicht mehr weit zum ältesten gotischen Dom Deutschlands und dem Magdeburger Reiter auf dem Alten Markt. Ob die Mitte des 13. Jahrhunderts entstandene goldene Skulptur wirklich König Otto I. darstellt, kann nur vermutet werden. Jener Herzog der Sachsen, König des Ostfrankenreichs und Kaiser des Heiligen Römischen Reiches schenkte Magdeburg seiner Braut Editha als „Morgengabe". Im Jahr 955 ließ er den Vorgängerbau des Doms errichten, in dem er beigesetzt ist. Der Otto, der ein paar Meter weiter mit den berühmten Halbkugeln zu Füßen thront, ist der echte: Otto von Guericke (1602–1686), Universalgenie und Begründer der Vakuumtechnik, ist der wohl populärste Sohn der Stadt. Beide Ottos sind das neue Zugpferd in der Stadtwerbung: Die Marketingstrategen besannen sich auf die Berühmtheiten und verpassten Magdeburg den Beinamen Ottostadt. Rita Schulze

HERRENKRUG PARKHOTEL

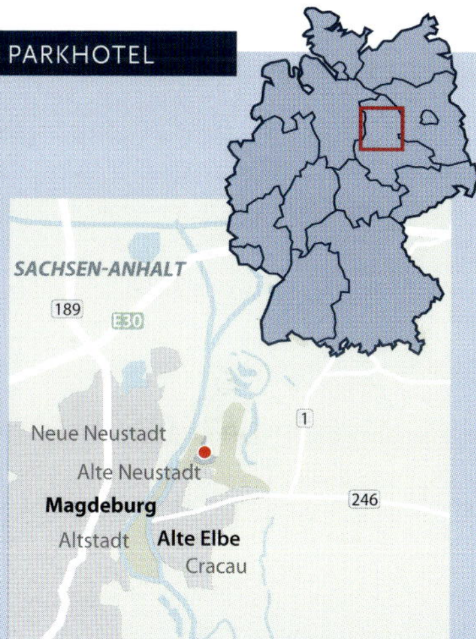

Unterkunft

Herrenkrug Parkhotel ●
Herrenkrug 3
39114 Magdeburg
Tel. 0391/850 80
www.herrenkrug.de
DZ/F ab 120 Euro

Besichtigen

Elbauenpark mit Jahrtausendturm
Tessenowstraße 5a, 39114 Magdeburg
Tel. 0391/593 42 63
www.mvgm-online.de/elbauenpark
Mai bis September: Mo–So 9–20 Uhr
Oktober: Mo–So 9–18 Uhr
November bis Februar: 10–16 Uhr
März und April: 10–18 Uhr

Grüne Zitadelle
Breiter Weg 9, 39104 Magdeburg
Tel. 0391/620 86 55
www.gruene-zitadelle.de
Mo–So 10–18 Uhr

Anreise

A2/E30 bis Magdeburg. Per Regionalexpress oder Linienbus von Berlin-Ostbahnhof und ZOB am Funkturm nach Magdeburg.

Auskunft

Tourist-Information Magdeburg
Tel. 0391/194 33, www.magdeburg-tourist.de

HOTEL SCHLOSS STORKAU

Entdeckungen in der Altmark

Flach ist das Land. Bis zum Horizont nur Wiesen, Äcker, Baumreihen, und zwischendrin strömt gemächlich die Elbe dahin. Herrlich unspektakulär und ruhig – die Altmark im Norden Sachsen-Anhalts ist für Erholungssuchende perfekt. Direkt an Deutschlands zweitlängstem Fluss liegt das Hotel Schloss Storkau in einem großzügigen Park. 1912 wurde das Haus von Rittmeister Freiherr Leon von Guaita nach barocken Vorbildern als Alterswohnsitz erbaut. Nach dem Zweiten Weltkrieg war es Spätheimkehrerlager,

Sanatorium und Schwesternschule, bis es 1982 durch Brandstiftung fast völlig ausbrannte. Zehn Jahre später übernahm der heutige Besitzer das Haus und verwandelte es in ein elegantes Hotel. Originalgetreu wiederhergestellt wurden die Empfangshalle mit ihren Wandmalereien und dem Marmorfußboden; der Säulengang im Südflügel, das geschnitzte Eichengeländer und die Fassade erhielten ihren früheren Glanz zurück.

Gästen stehen 61 Einzel- und 46 Doppelzimmer zur Verfügung, 12 davon erstrecken sich im Dachgeschoss über zwei Ebenen. Das schönste ist das Rosettenzimmer mit einer Glasfront samt blütenförmigem Rundbogenfenster und direktem Blick auf die Elbwiesen, den Fluss und den Auenwald.

Frische Zutaten direkt vom Gutshof

Für das leibliche Wohl liefert der schlosseigene Gutshof viele frische Zutaten – angebaut nach streng ökologischen Kriterien. Auch das Brot wird selbst gebacken. Serviert wird die hervorragende und bereits mehrfach ausgezeichnete Küche im Spiegelsaal, im Restaurant, in der Jagdstube oder – für den ganz kleinen Rahmen – im Separee. Fleisch, Wurst und Käse aus der hauseigenen Metzgerei und Käserei kann man auch im Bioladen an der Zufahrt zum Schloss kaufen.

Die platte und ursprüngliche Auenlandschaft lädt zu ausgedehnten Radtouren ein. Der Elberadweg, Deutschlands beliebtester Radfernweg, führt auf seinen fast 110 Kilometern durch die dünn besiedelte Region im Norden Sachsen-Anhalts direkt am Hotel vorbei, ebenso der Altmark-Rundkurs. Pferdefreunde freuen sich über 1600 Kilometer Reitwege, 40 Reiterhöfe und ein liberales Reitwegegesetz.

Doch im Städtedreieck Berlin-Hamburg-Hannover sagen sich nicht nur Elbebiber und Weißstorch gute Nacht. In der historischen

Kulturlandschaft, die gern als „Wiege Preußens" tituliert wird, erzählen kleine Städte von großer Geschichte – bezeugt durch Fachwerk und Backstein. So sind es nicht einmal zehn Kilometer von Storkau nach Tangermünde.

Auf mehr als 1000 Jahre kann die ehemalige Kaiser- und Hansestadt zurückblicken. Die wohl berühmteste Tochter Tangermündes ist Grete Minde. Jene Margarete Minden wurde beschuldigt, am 13. September 1617 die Stadt niedergebrannt zu haben. Niemand zweifelte an ihrer Schuld, obwohl das Geständnis mit Folter erpresst war. In der 1880 erschienenen Novelle „Grete Minde" erzählt Theodor Fontane die tragische Geschichte der jungen Frau. Zuvor besuchte er zweimal die Stadt und war von den historischen Bauten beeindruckt. Das Rathaus mit der Backsteinfassade, Kirchen, Türme und Tore imponieren Besuchern noch heute. Fachwerkhäuser mit schön geschnitzten Haustüren säumen die Kopfsteinpflastergassen.

Kaffeeduft auf dem Marktplatz

Mit einer Tausendjahrfeier muss sich das nicht weit entfernte Stendal noch etwas gedulden: 1022 wurde es erstmals erwähnt. Der Brandenburger Markgraf Albrecht der Bär verlieh dem Ort 1160 das Marktrecht. Auch hier überrascht die Altstadt mit schönen Bauwerken der Backsteingotik. Die Jacobi-, die Petri- und die Marienkirche oder das Uenglinger Tor als Teil der alten Stadtbefestigung sind nur einige Beispiele. Vor der Marienkirche befindet sich zum Marktplatz hin das Rathaus. Bei Stadtführungen kann man hier die Ratsstube mit der wohl ältesten profanen Holzschnitzwand aus dem Jahr 1462 besichtigen.

An manchen Tagen zieht ein angenehmer Duft über den Marktplatz. Dann wird im Kaffeekult geröstet. In dem Café in der historischen Gerichtslaube neben der riesigen Rolandsfigur gibt es alles, was das Kaffeetrinkerherz begehrt – 30 Sorten Kaffee, dazu 60 Sorten Tee sowie Schokolade zum Trinken und Naschen. Dass der Kaffee durch längere Röstung an Säure verliert, dadurch bekömmlicher wird und noch mehr Wissenswertes wird in Seminaren verraten, während Besucher im ehemaligen Ratskeller in die Kunst der Schokoladenherstellung eingeführt werden.

Rita Schulze

HOTEL SCHLOSS STORKAU

Auskunft

Tourismusverband Altmark
Tel. 039322/34 60
www.altmarktourismus.de

Anreise

A2 und B188. Mit der Bahn via Stendal nach Tangermünde.

Unterkunft

Hotel Schloss Storkau ●
Im Park
39590 Storkau
Tel. 039321/52 10
www.hotel-schloss-storkau.de
DZ ab 105 Euro

Besichtigen

Kaffeekult
Markt 1, 39576 Hansestadt Stendal
Tel. 03931/41 00 56
www.kaffeekult.eu
Mo–Fr 10–18 Uhr, Sa 10–17 Uhr
So 14.30–17 Uhr

HOTEL VILLA HEINE

Am Tor zum Harz die Langsamkeit entdecken

Der Zahn der Zeit hat den Mauern des Gotteshauses sichtbar zugesetzt. Über Jahrhunderte ein Ort des Gebets, dann zu Schnapsbrennerei, Scheune und Schweinestall verkommen, blieb die Kirche des Halberstädter Zisterzienserklosters lange vergessen.

Doch nicht für immer. Denn mit dem Startschuss für ein außergewöhnliches Kunstprojekt blickt die Welt seit 2000 auf die Burchardikirche. Blickt auf Halberstadt, das Tor zum Harz, wo 639 Jahre zuvor im Dom die erste Großorgel entstand. Und genau 639 Jahre lang soll unter dem Dach von St. Burchardi John Cages Orgelstück „Organ^2/ASLSP“ zur Aufführung kommen. Ein einziger Akkord, erzeugt von sechs Pfeifen einer Miniorgel, füllt als Dauergast das Gemäuer und folgt so bis zum nächsten Klangwechsel der Vorgabe des Komponisten, seine 30-minütige Partitur „so langsam wie möglich“ zu spielen. Welch aberwitzige Art der „Entdeckung der Langsamkeit“! Aufs Entschleunigen versteht sich auch einige Straßenecken weiter das Hotel Villa Heine, ein ehemaliges Fabrikantenhaus. Mit imposanter Geste empfängt der schön sanierte Gründerzeitbau seit 1999 seine Gäste und entlässt sie durch das säulengekrönte Portal in die Obhut guter Geister. Das großzügige Entree öffnet sich über mehrere Türen in die Gesellschaftsräume der Villa – in die Zurückgezogenheit von Kaminzimmer und Bar, in den Frühstücksraum, der durch viel Glas weite Blicke in den Park gewährt. Knarrende Treppenstufen und ein gläserner Aufzug führen aus der Lobby nach oben, wo in klassischer Eleganz der kleinere Teil der insgesamt 61 Gästezimmer zwei Etagen besetzt.

Mediterranes Flair

Das Gros der Quartiere verteilt sich im neuen Parkflügel, in dem die hellen, warmen Farben von Hölzern und Textilien mediterranes Flair verströmen. Hier liegt auch der „Garten Eden“, der große Wellnessbereich, wo man in drei Saunen ausgiebig schwitzen und in der Bäderabteilung bei unzähligen pflegenden wie verwöhnenden Behandlungen prima abschalten kann.

Seit 1924 residierte unter der noblen Adresse die Familie Heine, die gleich nebenan die ehemals größte Würstchenfabrik Europas betrieb. Inzwischen haben längst die Besitzverhältnisse gewechselt, aber in den Werkshallen werden noch heute die berühmten Halberstädter Würste gefertigt.

Besucher können bei einer Führung die Stationen der Produktion erleben, erfahren, wie die Ware im Kaminrauch ihr Aroma gewinnt, und sich Appetit für eine anschließende Kostprobe im hoteleigenen Brauhaus holen.

Den Geschmack der buchenholzgeräucherten Köstlichkeiten noch auf der Zunge, lässt sich für kleinere kulinarische Sünden bei einem Fußmarsch durchs Zentrum auf baldige Vergebung hoffen. Nahe am Kloster überspannt eine Brücke die sprudelnden Wasser der Holtemme und weist die Richtung hinüber in den Kern der Altstadt. Prachtvolles Fachwerk, ein bisschen krumm, aber voller Charme, erzählt vom Reichtum Halberstadts in ferner Vergangenheit. Besonders schön: die Vogtei. Eine kleine Legion von Ackerbürgerhäusern säumt diesen gut erhaltenen Straßenzug und begleitet die Besucher ein Stück auf ihrem Weg zu den sakralen Meisterwerken der sachsen-anhaltinischen Stadt.

Mittelalterlicher Kirchenschatz

Über die Peterstreppe geht es hinauf zum Domplatz. Hofiert von den barocken Wohnbauten einstiger Domherren spannt der sich zwischen den verwitterten Mauern von Liebfrauenkirche und Dom. Schlank wachsen die Türme des Dombaus in den Himmel und locken in den Innenraum von St. Stephanus und St. Sixtus, für dessen gottgefällige Architektur die gotischen Kathedralen Frankreichs Pate standen. An Glanz kaum zu überbieten: Halberstadts mittelalterlicher Kirchenschatz, einer der kostbarsten der Welt, der in der Domklausur ein würdiges Zuhause fand. Altartafeln, großformatige Textilkunst sowie edel bestickte liturgische Gewänder aus Samt und Seide befinden sich unter den 300 Exponaten. Die Krönung dabei: die Schatzkammer, in der Behältnisse aus Gold und Silber, Elfenbein und Straußeneiern an den Wert der Reliquien erinnern, die von den

Künstlern aufs Wundersamste verpackt wurden. Wenn sich die Pforten des Doms schließen, rufen sich die Annehmlichkeiten der Villa Heine ins Gedächtnis – für eine Lesestunde im Kaminzimmer oder eine späte Runde im 32 Grad warmen Wasser des Schwimmbads, während hinter der Wintergartenverglasung die Dunkelheit den Park verschluckt.

Sabine Mattern

HOTEL VILLA HEINE

Unterkunft

Hotel Villa Heine
Kehrstraße 1
38820 Halberstadt
Tel. 03941/314 00
www.hotel-heine.de
DZ/F ab 119 Euro

Besichtigen

Halberstädter Würstchenfabrik
Große Ringstraße, 38820 Halberstadt
Tel. 3941/311 00
www.halberstaedter.de

John-Cage-Orgelprojekt
Am Kloster 1, 38820 Halberstadt
Tel. 03941/62 16 20
www.john-cage.halberstadt.de

Dom und Domschatz
Domplatz 16 a, 38820 Halberstadt
Tel. 03941/242 37
www.dom-und-domschatz.de
November bis März: Di – So 10 – 16 Uhr
April bis Oktober: Di – Fr 10 – 17.30 Uhr
Sa 9 – 18 Uhr, So 11 – 17.30

Anreise

A2 bis Magdeburg, A14 bis Magdeburg-Sudenburg, B81 bis Halberstadt. Mit der Bahn über Halle (Saale).

Auskunft

Halberstadt Information
Tel. 03941/55 18 15
www.halberstadt.de

LANDHAUS ZU DEN ROTHEN FORELLEN

Einmal wie Heinrich Heine logieren

Ein einziges Rauschen begleitet das Wandererglück. Es übertönt die sonnabendmittägliche Stille eines Örtchens, das seine Sommerurlauber längst verabschiedet hat. Die Rotbuchen haben ihr grünes Kleid abgelegt, die Geschäfte sind geschlossen, die Straßen leer. Nur die Ilse, ja, die Ilse, die schäumt und brodelt fröhlich durch das 6000-Einwohner-Städtchen Ilsenburg im Ostharz. Sie bohrt sich unter der Krugbrücke aus dem 18. Jahrhundert unter der Pfarrstraße durch, nachdem sie vorher im Ilsetal kräftig Fahrt aufgenommen und nun dem kleinen Brockenstädtchen den halben Namen, viele Sagen und einen ewig währenden Rausche-Ton gegeben hat.

Bei der schäumenden Ilse

Ja, die Sagen. Geflohen vor der Sintflut und gestürzt in den Fluss soll sie sein, die Prinzessin Ilse, glaubt man etwa Hans Christian Andersen, und gab dem Gewässer ihren Namen und ihr wildes Temperament. „Die Ilse schäumt manchmal vor Wut", bestätigt Nationalpark-Ranger Andreas Pennig und stapft durchs Ilsetal munter gen Brocken, auf dem Heinrich-Heine-Weg. Der „Harzreisende" stieg 1824 vom Brocken hinab gen Ilsenburg und lobte euphorisch die Ilse. „Wie blinkt im Sonnenschein ihr weißes Schaumgewand! Wie flattern im Winde ihre silbernen Busenbänder! Wie funkeln und blitzen ihre Diamanten!"

Das können wir auch ohne Sonnenschein bestätigen. Die Buchen tragen weiße Hauben, das frech sich hervordrängende Granitgestein trägt eisige Zapfen, der Weg schlängelt sich stets an der Ilse entlang bis oben zu den Ilse-Fällen. Auf einer freien Lichtung dann der erste Blick zum Brocken. Schade. Norddeutschlands höchster Berg hat sich wie an den anderen 300 Tagen im Jahr in Nebel gehüllt. Also schnelle Rückkehr, bevor es zu dunkel wird! Denn es ist Winter und nicht Herbst wie bei Heine.

Der stieg damals im Gasthof Rothe Forelle ab, ein Landhaus aus dem 16. Jahrhundert, das erst Campe'scher Hof hieß, dann Stöltenkrug, schließlich – dem Wappen der neuen Besitzer, der Grafen zu Stolberg-Wernigerode, sei Dank – Rothe Forelle. So heißt das Haus noch heute, und selbige landet auch – als Regenbogenforelle aus heimischen Gewässern mit Schmorgurken, Meerrettischsauce und Butterkartoffeln – auf dem

Teller des Landhaus-Restaurants. Hier rauscht sie dann nicht mehr, die Ilse. Nur ein leichtes Zittern ist zu sehen, draußen auf dem Gewässer, welches der Forellensee ist. Hier drinnen unterhält der Pianist derweil feine Gäste aus Hamburg, Berlin und München, aus Holland gar und Schweden. Sie haben ihre großen Autos auf den kleinen Parkplatz gestellt und testen Sachsen-Anhalts einziges Sternerestaurant (das ist die 20 Plätze starke Forellenstube) von Küchenchef Thomas Barth. Die meisten Gäste bleiben über ein verlängertes Wochenende – und dann leben sie gut in 52 Zimmern im eleganten Landhausstil.

Drehort der „Päpstin“

Am anderen Morgen suchen wir Ruhe und Einklang mit der Natur auf dem Klosterwanderweg von Ilsenburg nach Drübeck. Das Benediktinerkloster Ilsenburg war eines der bedeutendsten Klöster im Harz. Heute ist es ein romanischer Prachtbau mit Resten eines sehenswerten Stuckfußbodens in der Klosterkirche St. Peter und Paul. Der Kreuzgang wurde 1740 abgerissen, dafür wurde in Kapitelsaal und Schreibstube „Die Päpstin“ gedreht.

Von hier brechen wir frohgemut auf. Hier rauscht keine Ilse mehr, es sind die Buchen und Fichten, die der Westwind durchschüttelt – und spätestens, wenn drei Kilometer später in Drübeck von einem Haus die Inschriften „Schützenkönig 1988“ und „Würfelkönigin 1992“ stolz vom Glanz der Besitzer künden, dann ist der Klostergänger in der Wirklichkeit angekommen.

Mächtig thronen die beiden Türme der Klosterkirche St. Vitus, eine Ausstellung erzählt fundstückchenweise die Geschichte eines Hauses, das – 960 erstmals erwähnt – bis 1958 Damenstift war. Heute bieten hier Gästehäuser Betten an – als Ausgangspunkt für Wanderungen. Auf Heines oder auf Mönchsspuren, ob an der Ilse entlang oder von Kloster zu Kloster. So oder so wird die kleine Flucht zur Harzangelegenheit.

Eberhard von Elterlein

LANDHAUS ZU DEN ROTHEN FORELLEN

Anreise

A 14 bis Abfahrt Schleibnitz, B 81 Richtung Halberstadt, B 6 bis Wernigerode, auf die B 6 Richtung Goslar bis zur Abfahrt Ilsenburg. Mit der Bahn über Halle bis Ilsenburg.

Unterkunft

Landhaus zu den Rothen Forellen ●
Marktplatz 2
38871 Ilsenburg
Tel. 039452/93 93
www.rotheforelle.de
DZ ab 165 Euro

Besichtigen

Kloster Drübeck
Klostergarten 6
38871 Drübeck
Tel. 039452/943 30
www.kloster-druebeck.de

Kloster Ilsenburg
Schloßstraße 26
38871 Ilsenburg / Harz
Tel. 039452/801 55
www.klosterilsenburg.de

Auskunft

Nationalpark-Information Ilsenburg
Lindenallee 35
38855 Wernigerode
Tel. 039452/894 94
www.nationalpark-hochharz.de

FISCHERKLAUSE AM LÜTJENSEE

Hochgenuss in Holstein

Was dem Berliner seine Märkische Schweiz, ist dem Hamburger die Stormarnsche. Nur 20 Kilometer vom östlichen Stadtrand entfernt erstreckt sich dort rund um Trittau das traditionsreiche Naherholungsgebiet der Hanseaten mit seinen Wiesen, Wäldern und zahlreichen Seen. Sie sei den landschaftlich sonst eher von flacher Trostlosigkeit umgebenen Hamburgern von Herzen gegönnt. Zumal sie auch für uns Berliner, nur etwa 250 Kilometer vom nördlichen Stadtrand entfernt, profunde Aufschlüsse über Fauna und Flora dieses dünn besiedelten Gebiets Holsteins ermöglicht. Ein Zeitgenosse beschrieb die Landschaft in den

20er-Jahren so: „Wir wandern durch herrliche Wälder, über die Hügel und an den prächtigen Seen unserer schönen Stormarnschen Schweiz entlang, durchzogen Heide und Moor und grünende Felder."

Fische essen nicht vergessen

Was Mitte des 19. Jahrhunderts nur der Aristokratie für ihre Sommerfrische vorbehalten war, wurde ab 1887 mit Inbetriebnahme der Eisenbahnlinie Oldesloe-Schwarzenbeck zum beliebten, prosperierenden Ausflugsziel. Auch der Hamburger Elektroingenieur Johannes Albrecht erkannte die Zeichen der Zeit, setzte auf den zunehmenden Ausflugsverkehr und erwarb 1919 den Lütjensee, den er befischte und schon bald um Kunden mit dem Spruch warb: „Fische essen, nicht vergessen – stets frisch bei Albrecht, Lütjensee". Dessen Sohn Robert Albrecht siedelte 1949 in die Drei-Seen-Gemeinde Lütjensee um und eröffnete wenig später das Restaurant Fischerklause. Heute ist die Fischerklause ein Gourmetrestaurant mit Hotel – und noch immer, in vierter Generation – in Familienbesitz. Zwei gute Bekannte aus der Berliner Spitzengastronomie lenken seit Anfang 2009 die Geschicke der Fischerklause: Gerhard Retter und seine Frau Claudia, eine gebürtige Albrecht, Urenkelin von Lütjensee-Käufer Johannes Albrecht. Vor gut zwei Jahren haben die Retters ihre Zelte in Berlin abgebrochen, um den elterlichen Betrieb von Klaus und Ingeborg Albrecht zu übernehmen. Wohl wissend, was da auf die beiden Jungverheirateten zukommt, juxte damals der stets verschmitzte Gerhard Retter: „In Zukunft arbeiten meine Frau und ich selbst und ständig."

In Berlin haben Gerhard Retter und Claudia Albrecht als gelernte Sommeliers in den besten Häusern der Stadt gearbeitet, der gebürtige Österreicher viele Jahre als Maître im Sternerestaurant Lorenz Adlon, Claudia Retter

im Vitrum (Ritz-Carlton) und im Vau bei Sternekoch Kolja Kleeberg. Ihre Liebe zum Wein hat die beiden zusammengebracht, 2008 wurde im Berliner Restaurant Jolesch in großer Runde Polterabend gefeiert. Seitdem ist viel passiert.

Exzellente Weinkarte

Zunächst haben die neuen Chefs das Restaurant komplett renoviert, bevor die Fischerklause Mitte 2009 in ein neues Zeitalter startete. Das Hauptaugenmerk der Profigastronomen liegt dabei auf dem Restaurantbetrieb und natürlich auf ihrer großen Leidenschaft – dem Wein. Da haben die Retters aus ihrer Zeit in Berlin so manchen edlen Tropfen mit an den Lütjensee „gerettet", Kenner sprechen sogar von der besten Weinkarte außerhalb der Spitzengastronomie. Also auch deshalb lohnt eine Fahrt dorthin.

Genächtigt werden kann in einem der 15 Zimmer. Dort quartieren sich gerne Geschäftsreisende und an den Wochenenden Ruhebedürftige ein, die dann auch die exzellente Küche der Fischerklause genießen. Zum Beispiel eine der Fischspezialitäten des dänischen Küchenchefs Dennis Duerlund, der beim Berliner Sternekoch Michael Hoffmann gelernt hat. Auf Bestellung geschlachtet, wird der Lütjenseefisch in der Küche frisch verarbeitet. Jeder Leckerbissen wird von früh bis spät vom unvergleichlichen Service und der herzlichen Freundlichkeit der Retters begleitet. Spätestens wenn Gerhard Retter am Abend mit seiner zweijährigen Tochter Elisa Maria auf dem Arm am Lütjensee „einen der romantischsten Sonnenuntergänge Norddeutschlands" genießt, weiß er, dass seine Entscheidung für die Familie und für die ländliche Beschaulichkeit die richtige zum richtigen Zeitpunkt war. Mathias Stengel

FISCHERKLAUSE AM LÜTJENSEE

Anreise

A 24 in Richtung Hamburg bis Anschlussstelle Schwarzenbeck/Grande, B 404 Richtung Grande/Kiel/A 21/Lübeck/A 1 bis Ausfahrt Lütjensee/Grönwohld. Per Bahn bis Hamburg oder Lübeck, weiter im Bus.

Unterkunft

Fischerklause am Lütjensee •
Am See 1
22952 Lütjensee
Tel. 04154/79 22 00
www.fischerklause-luetjensee.de
DZ/F ab 80 Euro

Besichtigen

Stormarnsches Dorfmuseum
Sprenger Weg 1, 22955 Hoisdorf
Tel. 04107/45 56
www.museum-hoisdorf.de
Di 9–12 Uhr, Sa 14–17 Uhr und nach Vereinbarung, Eintritt frei

Auskunft

Schleswig-Holstein Tourismus
Tel. 01805/60 06 04
www.sh-tourismus.de, www.luetjensee.de

GRAND SPA RESORT A-ROSA

Meer, Musik und Thomas Mann im Ferienparadies

„In Travemünde, dem Ferienparadies, wo ich die unzweifelhaft glücklichsten Tage meines Lebens verbracht habe“, schrieb Thomas Mann, „gingen das Meer und die Musik in meinem Herzen eine ideelle, eine Gefühlsbindung für immer ein (...).“ Auch wenn der Lübecker Stadtteil heute anders aussieht als um 1885, lässt sich Travemünde als idyllischer Fluchtort auch heute noch begreifen. Zwar gibt es die beiden Schweizerhäuser nicht mehr, in denen die Familie Mann stets nach ihrer dreistündigen Droschkenfahrt aus Lübeck logierte, aber das alte Kurhaushotel gleich nebenan, das gibt es noch. Der neoklassizistische Bau von 1803 bildet den historischen Teil des Grand Spa Resort A-Rosa Travemünde, das 2005 zusammen mit dem Anbau von 1912 zu einer stilvollen Fluchtburg an der See umgebaut wurde, in der sich Historie und Moderne umarmen. Weißer Saal mit altem Stuck und Schiffsparkett unter italienischen Leuchtern aus Murano-Glas verbreiten zusammen mit der alten Pianolounge aus dunkel gebeizter Eiche historisch-gemütliches Flair. Hier, in der alten Hotelhalle soll auch Thomas Mann gesessen haben.

Aal mit Apfel als Amuse-Gueule

Nun, wie man merkt, verfolgt einen der Mann hier auf Schritt und Tritt. Von der Pianolounge führt eine Marmortreppe hoch zu einer sorgfältig nach Genres sortierten Bibliothek (mit diversen Romanen des Meisters), weiter hinten lockt das Thomas-Mann-Zimmer zur stillen Mußestunde, und wer stilvoll speisen mag, ist im denkmalgeschützten Lübeckzimmer richtig, wo mit dem Südbadener Christian Scharrer ein wagemutiger Sternekoch Aal mit Apfel als Amuse-Gueule oder Bretonischen Hummer mit roter Bete als Mittelteil des sechsgängigen Menu Visite kredenzt. Der Name des Gourmetrestaurants? Na, Buddenbrooks, was denn sonst? Von dem historischen Zimmer kündet noch der dunkle Fichtenboden, ansonsten ist im Eingangsbereich eine kleine Empfangslounge eingerichtet worden und eine neue rote Stoffbespannung verbreitet den Charme gediegener Behaglichkeit. Aber bitte nicht irgendein Rot! „Das ist ein englisches Rot, das gibt es hier in Deutschland gar nicht“, sagt Hotelchefin Jana Lührmann und macht damit klar, um was es in ihrem

Haus geht, das sie seit 2009 als Nachfolgerin von Gründungsdirektor Frank Nagel leitet: natürlich um Kunst und Kultur und im Besonderen um den Einklang von Körper, Geist und Seele.

Das heißt konkret, dass beim Abendmenü im Wintergarten-Restaurant an diversen offenen Küchen unter anderem fünf warme Gerichte frisch serviert werden, die wahlweise biologisch angebaut, rein vegetarisch oder ausgewogen eiweiß- und kohlenhydratreich sind. Das heißt, dass stets eine Ernährungsberaterin vor Ort ist, die hilft, wenn es denn laktosefreie Milch oder glutenfreies Brot sein soll.

Algenpeeling und Wannenbad

Das heißt aber auch, dass man dem Körper jenseits des Essens Gutes tut und den Geist befreit. Weswegen man unbedingt den „Thalasso-Kennenlerntag" im 4500 Quadratmeter großen Wellnessbereich machen sollte. Nach Algenpeeling, Wannenbad und Schlammpackung mit anschließendem leichten Snack ist der Körper entschlackt und belebt, während der Kopf mitten am Tag wegdämmert, dass es eine wahre Wohltat ist. Derart erfrischt, locken entweder Strandpromenade mit dem Aussichtspunkt Möwenstein im Norden oder die Vorderreihe an der Travemündung entlang zum ausgiebigen Spaziergang. Da heißt es tiiieeef einatmen: Die Luft ist klar und kalt, ein paar einsame Möwen langweilen sich am Wasser, die Töne einer einsamen tapferen Akkordeonspielerin verfliegen im steifen Winterwind, es ist herrlich an der See. Später kommen die Bilder unseres Weges wieder hoch, als wir auf dem Balkon unserer Juniorsuite im fünften Stock stehen, sich die Dampfschwaden über dem 28 Grad warmen Außenpool des Hotels gen Himmel schrauben und sich die dunkle Silhouette des Priwall, der Halbinsel jenseits der Trave, gegen den tiefblauen Winterhimmel absetzt. Wir atmen noch einmal die kalte Luft ein und denken, na?, natürlich an Thomas Mann und zitieren ihn (mit Verlaub!), leicht abgeändert: „Winterferien an der See! Begriff wohl irgend jemand weit und breit, was für ein Glück das bedeutete?“

Eberhard von Elterlein

GRAND SPA RESORT A-ROSA

Anreise

Mit der Bahn über Hamburg und Lübeck nach Travemünde. Mit dem Auto auf der A 24 bis Schwarzenbek/Grande, weiter auf der B 404, A 1, A 226 und B 75 bis Travemünde.

Unterkunft

Grand Spa Resort A-Rosa ●
Außenallee 10
23570 Lübeck-Travemünde
Tel. 04502/307 06 32
www.a-rosa.de
DZ/HP ab 298 Euro

Besichtigen

Seebadmuseum
Torstraße 1
23570 Travemünde
Eintritt 5 Euro, Di – So 11 – 17 Uhr
Tel. 04502/999 80 94
www.heimatverein-travemuende.de

Auskunft

Lübeck und Travemünde Tourist-Service
Tel. 01805/88 22 33
www.travemuende.de

HOTEL AUF DER WARTBURG

Über den Wolken von Eisenach

Wie ein Schiff bei Flaute treibt die Wartburg auf dem Blättermeer des Thüringer Waldes. Schaut wachsam auf die Häuser Eisenachs in weiter Tiefe. Mehr als 900 Jahre hat sie – nicht verschont von Blessuren – den Stürmen der Zeit getrotzt, hat große Ereignisse und Persönlichkeiten kommen und gehen sehen. War ein Ort der Muse und der schönen Künste, aber auch Herberge und Hort der Geborgenheit. Nur wenige Meter unterhalb der Feste hat sich mit dem Hotel auf der Wartburg ein vornehmes Gästedomizil auf dem Felsen eingerichtet. Im Gewand einer thüringischen Burg des 16. Jahrhunderts, bestückt mit Erkern und Terrassen, trat es 1914 die Nachfolge eines zu klein gewordenen Gasthofes an – als romantische Komposition aus rotbraunem Griefenstein und schlichtem Fachwerk.

Gasthof für fröhliche Leut'

Mit dem Wandel des Gasthofs für fröhliche Leut zur Fünfsterneherberge vor wenigen Jahren hat sich keineswegs steife Reserviertheit breitgemacht. Wie selbstverständlich empfängt den Gast gediegener und dennoch zeitgemäßer Komfort in 37 gemütlich eingerichteten Räumen sowie im netten Kaminzimmer. Hölzer und Stoffe in warmen Farben passen sich dem Gesicht des Hauses an und schaffen echte Burgatmosphäre. Ein kleiner Wellnessbereich lädt zum aktiven und passiven Genießen ein. Und während dort die einen in der Sauna und auf dem Laufband schwitzen, sich massieren und verschönern lassen, konzentrieren sich die anderen vielleicht lieber mit voller Kraft auf die kulinarischen Gaumenfreuden der Landgrafenstube. Auf die köstlichsten Spielarten der thüringischen Gastronomie, etwa eine Burgvesper unter anderem mit Sülzwurstsalat und Radieschen.

In der anmutigen Hotelanlage atmet alles pure Gastlichkeit. So wie es die Wartburg schon Jahrhunderte zuvor tat: Bekannte Minnesänger und Dichter des hohen Mittelalters zog es an den Hof des Landgrafen – bereits 300 Jahre bevor der in Acht und Bann stehende Martin Luther als Junker Jörg auf der Burg ein Asyl fand und dort im Rekordtempo das Neue Testament übersetzte. Angelockt von so viel Geschichte, erklimmen heute Touristen den Berg und gelangen über eine Zugbrücke in die Unesco-Welterbestätte, die in ihrer Architektur Wehrhaftes und Repräsentatives mischt, in das ehemalige Zuhause der Landgräfin und späteren Heiligen Elisabeth.

Bachhaus und Rennsteig

Spuren jener Ikone des Mittelalters finden sich am lebhaften Markt, wo in der Georgenkirche Landgraf Ludwig IV. eine ungarische Königstochter zur Frau nahm. Der zentrale Platz drängt sich als Ausgangspunkt zur Erkundung der Stadt geradezu auf. Egal, ob es einen zum Lutherhaus führt, dem prächtigsten Fachwerkhaus der Stadt, ins Bachhaus mit der weltweit größten Ausstellung zu Leben und Werk des Musikers oder zu den Drehorten der Fernsehserie „Familie Dr. Kleist", die Anhänger öffentlich-rechtlicher Abendunterhaltung im Rahmen einer geführten Tour erleben können.

Ein Streifzug durch Eisenach würde wohl ewig währen, gäbe es da nicht die traumschöne Umgebung, die einen aus der Stadt lockt. Und das am besten in Wanderschuhen. So macht sich von Hörschel der Rennsteig auf durch den Thüringer Wald, diesseits und jenseits der Wanderstrecke von viel Sehenswertem umgeben: kleine Naturwunder wie die Drachenschlucht, deren enge Klamm bis auf 68 Zentimeter zusammenschrumpft, aber auch reizvolle Städtchen wie Bad Liebenstein, Thüringens ältestes Heilbad und einstiger Sommersitz der Meininger Herzöge.

Nach einem erlebnisreichen Tag geht es dann zurück in den Gasthof für fröhliche Leut' in die Burgschenke Gadem oder in die Landgrafenstube. Zu einer köstlichen Kaninchenterrine mit winterlichem Salat, Hagebuttensoße und hausgemachter Kräuterbrioche und einer anschließenden friedvollen Nacht, während die benachbarte Wartburg immer schwärzer werdende Schatten auf das Hotelidyll wirft.

Sabine Mattern

HOTEL AUF DER WARTBURG

Unterkunft

Hotel auf der Wartburg ●
Auf der Wartburg 2
99817 Eisenach
Tel. 03691/79 72 23
www.wartburghotel.de
DZ/F ab 235 Euro

Besichtigen

Lutherhaus Eisenach
Lutherplatz 8
99817 Eisenach
Tel. 03691/298 30
www.lutherhaus-eisenach.de
Mo–So 10–17 Uhr

Bachhaus
Frauenplan 21
99817 Eisenach
Tel. 03691/793 40
www.bachhaus.de
Mo–So 10–18 Uhr

Automobilbau-Museum Eisenach
Rennbahn 6
99817 Eisenach
Tel. 03691/74 32 32
www.ame.eisenachonline.de

Anreise

A 9 bis Hermsdorfer Kreuz, A 4 bis Eisenach-Ost. Mit dem IC ohne Umsteigen nach Eisenach.

Auskunft

Eisenach-Wartburgregion Touristik
Tel. 03691/792 30
www.wartburg.de, www.eisenach.info

Gästeinformation Bad Liebenstein
Tel. 036961/693 20
www.bad-liebenstein.de

HOTEL ELEPHANT

Einfach mal in Luxus und Historie schwelgen

Das Gruselige zuerst: Wie ist es wohl, in Hitlers einstigem Lieblingshotel zu schlafen, wo der Gröfaz sogar eine eigene Suite bewohnt hat? Freilich könnte man sagen: Heute erinnert nichts mehr an diese dunkle Zeit. Im Falle des Weimarer Traditionshotels wäre das jedoch nur die halbe Wahrheit, und Andrea Dietrich, PR-Managerin des jetzigen Fünfsternehauses, sagt: „Wir stellen uns unserer Geschichte, doch sind wir weder ein Museum noch ein unbeschriebenes Blatt."

Immerhin blickt der Elephant auf 315 Jahre Gastlichkeit zurück – bereits Bach und Goethe haben hier logiert. Dennoch informiert in der ersten Etage eine Ausstellung auch über jene Zeit, als Weimar, den früheren Geist der Humanität aus freiem, bösem Willen aufgebend, zu einer Hochburg der Nazis geworden war. Auch läuft man über von Marmor eingefasste Gänge, 1937 im damaligen pompösen Zeitstil gestaltet. Rote Läufer aber mildern den kalten Prunk, in den weiträumigen Flächen zwischen Fahrstuhl und den Zimmerfluchten stehen Möbel im Bauhausstil, denn auch diese Namen gehören zu Weimar: Walter Gropius, Wassily Kandinsky, Lyonel Feininger. Ironie der Geschichte: Ausgerechnet die frühere Hitler-Suite ist es, die heute den Namen Lyonel Feiningers trägt und ihr edles Ambiente im Art-déco-Stil nicht zuletzt den gerahmten Bildern des Meisters verdankt.

Zu viel des Patchwork? Kräftigen wir uns also zuerst einmal in den Gewölben des Elephantenkellers bei rustikalem Glühwein und Thüringer Topfbraten mit Pflaumenmus und Klößen – es könnte allerdings auch Thüringer Rostbrätl oder ein Wildschweinragout sein. Allerdings: Hat hier im September 1816 nicht bereits eine Hofrätin namens Kestner, geborene Buff, logiert, die einst Goethes Jugendliebe gewesen war, durch ihn als Werthers Lotte weltberühmt wurde und nun den Dichter noch einmal sehen wollte? Und hat nicht Thomas Mann 1939 – und längst im zwangsweisen Exil – mit dem Roman „Lotte in Weimar" die Stadt erneut ins Rampenlicht gerückt? Schließlich: Saß, wo wir uns jetzt so gütlich tun, 1974 nicht Lilli Palmer, die in der damals hier gedrehten Thomas-Mann-Verfilmung die Hauptrolle gespielt hat?

Allein, es gibt keinen Overkill solcher Geschichten, sie stimulieren im Gegenteil das Interesse, und überhaupt: Zeigt nicht schon ein Gang durch die winterliche Stadt, wie hier seit Jahrhunderten große Namen kamen und gingen, sich Kunstrichtungen entwickelten und dann durch andere abgelöst wurden? Und all dies in Fußnähe vom Elephant! Da ist die Herder-Kirche mit Lucas Cranachs Bildern, ein Katzensprung führt zum berühmten Goethehaus am Frauenplan, wo die Dielen knirschen und internationales Gewisper die Räume erfüllt: Besucher- und Studentengruppen aus wahrlich der ganzen Welt schauen sich hier um, wo die Endfassung des „Faust" geschrieben wurde, der „West-östliche Diwan" und „Iphigenie auf Tauris". Aber halt, hat der damals noch junge Dichter die „Iphigenie" nicht in seinem idyllischen Gartenhäuschen an der Ilm geschrieben, drüben auf der anderen Flussseite, an dessen Ufer sich heute wie vor 200 Jahren die Enten köpferuckelnd zusammen kuscheln?

Gropius und Gattin

Doch zurück zum Elephant, von dessen Balkon zwei gelb gestrichene Figuren in Lebensgröße grüßen. Thomas Mann und Lotte? So könnte es scheinen, aber es sind die früheren Hotelgäste Walter Gropius und seine Frau Alma, die zuvor mit Gustav Mahler und späterhin mit Franz Werfel verheiratet war. Aber das ist, wie es so schön heißt, schon wieder eine andere Geschichte. Von den Sternstunden der Kunst also zum Abschluss zu den Restaurantsternen von Michelin, denn nicht zufällig ist es das hoteleigene Restaurant Anna Amalia, das nunmehr seit acht Jahren dieser kulinarischen Nobilitierung für würdig befunden wird. Was der italienische Meisterkoch Marcello Fabbri so alles an Feinstem zaubert, kombiniert mit überraschend leichten Weinen aus der Region – es bleibt unser kleines Geheimnis an diesem so geschichtsträchtigen Ort.

Marko Martin

Anreise

A 9 bis Hermsdorfer Kreuz, A 4 bis Weimar.
Mit IC ohne Umsteigen nach Weimar.

Unterkunft

Hotel Elephant
Markt 19
99423 Weimar
Tel. 03643/80 20
www.hotelelephantweimar.com
DZ/F ab 160 Euro

Auskunft

Tourist-Information Weimar
Markt 10 und im Welcome-Center
Friedensstraße 1
99423 Weimar
Tel. 03643/74 50
www.weimar.de
www.weimar-tourist.de

Besichtigen

Goethehaus
Frauenplan 1
99423 Weimar
Tel. 03643/54 53 10,
www.klassik-stiftung.de
April bis September:
Di – So 9 – 18 Uhr, Sa 9 – 19 Uhr
Oktober: Di – So 9 – 18 Uhr
November bis März: Di – So 10 – 16 Uhr

Anna-Amalia-Bibliothek
Platz der Demokratie 1
99423 Weimar
Tel. 03643/54 55 20
www.anna-amalia-bibliothek.de
Mo – Fr 9 – 21 Uhr, Sa 9 – 16 Uhr

Stadtkirche Sankt Peter und Paul
Herderplatz
99423 Weimar
Tel. 03643/85 15 18
www.ek-weimar.de/kirchen/stadtkirche.html
April bis Oktober: Mo – Fr 10 – 18 Uhr,
Sa 10 – 12 Uhr und 14 – 16 Uhr, So 11 – 12
Uhr und 14 – 16 Uhr, November bis März:
Mo – So 11 – 12 Uhr und 14 – 16 Uhr

Gedenkstätte Buchenwald
99427 Weimar-Buchenwald
Tel. 03643/43 00
www.buchenwald.de
April bis Oktober: Di – So 10 – 18 Uhr
November bis März: Di – So 10 – 16 Uhr

SCHLOSS GOLDACKER

Grüne Aussichten in Thüringen

„Kofuku no niwa" – ein Stück Japan verbirgt sich im thüringischen Städtchen Bad Langensalza bei Erfurt. Übersetzt heißt das „Garten der Glückseligkeit", und hinter dem breiten Holztor empfängt den Besucher eine 7500 Quadratmeter große Oase mit Wasserfällen, Bonsais, Azaleen- und Rhododendronbüschen, Kiesringen und einem Teich mit Koi-Karpfen.

Noch glückseliger fühlt sich der Besucher mit einer Schale grünem Tee im „Pavillon des Teetrinkens". Wie das Teetrinken in Japan zelebriert wird, ist hier bei Teezeremonien zu erleben. Für Entspannung sorgen Shiatsu-Massagen und Klangschalen-Konzerte. Fernöstlich geht es im Friederikenschlösschen weiter: Wo einst Herzoginwitwe Friederike von Sachsen-Weißenfels (1715–1775) lebte, finden heute unter anderem Kurse statt, in denen die Teilnehmer aus Fisch, Gurke, Reis und Algen kunstvolle Sushi rollen.

Rosenzucht mit Tradition

Doch Bad Langensalza widmet sich nicht nur Gestaltungskünsten aus dem Fernen Osten. Schließlich hat die Rosenzucht eine lange Tradition. Begonnen wurde damit 1870, und seit 2002 trägt das Sole- und Schwefelheilbad den offiziellen Beinamen „Rosenstadt". Davon erzählt das Rosenmuseum am Eingang des weitläufigen Rosengartens: Auf dem ehemaligen Fabrikgelände wachsen fast 450 Rosenarten und Rosensorten.

Insgesamt besitzt das Städtchen acht Parks und Gärten, darunter auch einen Travertin-Garten mit Mauern, Treppen und Wegen. Dieser Naturstein sorgt dafür, dass der Bummel durch die hübsche Altstadt nicht nur fürs Auge schön ist: Während der Rundgang über das Kopfsteinpflaster in anderen mittelalterlichen Städten eine ziemliche Tortur für Füße und Rücken ist, läuft es sich in den verwinkelten Gassen dank der Pflastersteine aus Travertin angenehm weich. Dieser weiche, helle Naturstein wurde auch für das Rathaus und die gotische Marktkirche St. Bonifacius verwendet. Der 77 Meter hohe Glockenturm hat eine Aussichtsplattform. Und von hier sieht man grün: Vor den Toren der Stadt breitet sich der Hainich aus, Deutschlands größtes zusammenhängendes Laubwaldgebiet.

Jahrzehntelang war es militärische Sperrzone. Dadurch konnten sich Buchenmischwälder erhalten, die anderswo in Europa längst verschwunden sind. Seit Ende 1997 ist der Südteil des Hainichs Nationalpark (Thüringens einziger), seit Juni 2011 gehören zentrale Bereiche zum Weltnaturerbe der Unesco. Besonders schön ist es im Frühjahr, wenn der Boden von Blütenteppichen bedeckt ist, oder im Herbst zur Laubfärbung. Einblick in einen sonst unzugänglichen Bereich des Nationalparks gewährt der Baumkronenpfad an der Thiemsburg. Zwischen den Wipfeln geht es um Aussicht und Umweltbildung. Deshalb muss sich auch niemand an einem Seil durch die Gegend schwingen oder auf wackligen Konstrukten vortasten, sondern kann die Natur ganz bequem auf einem 308 Meter langen, mit Geländern gesicherten Steg erkunden.

Ein Wasserschloss mit „Schnarchzimmer“

Als Ausgangspunkt für die Entdeckung von Bad Langensalza und Hainich empfiehlt sich „Schloss Goldacker“ am Rand des Nationalparks. Als Wasserschloss wurde es vor mehr als 1000 Jahren in Weberstedt errichtet und später von der Familie von Goldacker als Rittergut bewirtschaftet. Nach der Enteignung 1945 war das Gut erst Flüchtlingslager, dann Schule. Mitte der 80er-Jahre musste diese wegen Baufälligkeit geschlossen werden. Nach einer mehrjährigen, aufwendigen Sanierung beherbergt das historische Gemäuer heute nicht nur ein Umwelt- und Naturzentrum sowie eine Ausstellung zum Nationalpark Hainich, sondern auch ein Hotel mit 14 Zimmern im Landhausstil. Neben komfortablen und geräumigen Doppelzimmern mit Dusche und WC sowie Mehrbettzimmern mit Herbergscharakter gibt es auch ein „Schnarchzimmer“: ein Einzelzimmer mit einer großen Bügelsäge an der Wand über dem Kopfende des Bettes.

Im Restaurant werden regionale Spezialitäten serviert, dazu gehören Eisbein mit „Fuschen“ (das sind sauer eingelegte Krautköpfchen), je nach Saison Spargel (auch Thüringen ist Spargelland) und natürlich Rostbrätl mit jeder Menge Zwiebeln. Der Gewölbekeller ist wie gemacht für Abendessen im Kerzenschein, Rittermahle, Mitmach-Theater oder Lesungen, und bei schönem Wetter sitzt man im Biergarten unter alten Bäumen.

Rita Schulze

SCHLOSS GOLDACKER

Unterkunft

Schloss Goldacker ●
Am Schloss 11
99947 Weberstedt
Tel. 036022/99 94 04
www.hotel-goldacker.de
DZ ab 50 Euro

Besichtigen

Nationalparkzentrum Thiemsburg mit Baumkronenpfad
Bei der Marktkirche 9
99947 Bad Langensalza
Tel. 03603/390 70
www.nationalpark-hainich.de

Auskunft

Touristinformation Bad Langensalza
Tel. 03603/83 44 24
www.bad-langensalza.de
www.hainichland.de

Anreise

A 9 und A 4 bis Erfurt, weiter auf B 247 nach Bad Langensalza. Mit der Bahn über Göttingen oder Erfurt.

Am Puls der Natur

Nur das Pfeifen des Windes stört die meditative Ruhe der kleinen Lichtung im Stile eines japanischen Gartens. Verlassen liegt jetzt ihr romantischer Teich, der gerade im Sommer mit Bänken zum Rasten sowie Pfaden und Stegen zum Lustwandeln durch blickdichtes Grün einlädt. Dicke Baumstämme klettern einen steilen Hang hinauf und erlauben erste Blicke durch schütter werdende Kronen auf die Mauern von Schloss Mehrenthin.

Familie von Waldow hatte sich um 1861 dieses märchenhafte Zuhause mit Turm und Zinnen im Stil der englischen Neogotik geschaffen. Als nach 1945 aus Mehrenthin Mierzęcin wurde, begann das fortan polnische Anwesen eine vielseitige Nachkriegskarriere als Kinderheim oder Dorfkulturhaus. Schließlich aufgegeben und dem Zerfall überlassen, erstand die einstige Adelsresidenz mittlerweile wie Phönix aus der Asche: Eine gelungene Rumdumsanierung verwandelte die Ruine am Rande eines Dorfes vor zehn Jahren in eine herrschaftliche Hoteladresse.

Die Zeit ist stehengeblieben

Man logiert gemütlich in 66 Räumen, die sich auf Vorwerk, Wirtschaftshof und das Schloss selbst verteilen. Hinter der gelb verputzten Fassade des Pałac Mierzęcin scheint dabei die Zeit stehen geblieben zu sein: Während sich das Gros der Quartiere auf den ersten Stock beschränkt, gruppiert sich ebenerdig eine großzügige Zimmerflucht um die Eingangshalle – opulent bestückt mit antiken Möbeln, mit Gemälden, Spiegeln, Leuchtern. Auch an Stuck und feinen Fensterkleidern, an Parkett und Teppichen wurde nicht gespart bei der Ausstaffierung von Kamin- und Billard-, Musik- und Wohnzimmer, die so authentisch sind, als seien die Herrschaften gerade mal außer Haus.

Vor dem Schloss plätschert ein Springbrunnen zwischen akkurat eingefassten Rasenflächen und leitet melodisch über in das sanfte Wellenspiel eines englischen Parks. Lücken in der von Menschenhand geformten Landschaft werfen ein Netz begehbarer Wege über die Anlage, die das Schloss mit seinen vielen backsteinroten Nebengebäuden verbindet, um den Hotelgästen ein beachtliches Angebot an Freizeitalternativen zu erschließen. Im alten Viehstall wird gebowlt und in der ehemaligen Brennerei beim Billard ein Bier gezischt. Ein Tennisplatz animiert zum Spiel. Und die neun Pferde von Mehrenthin laden geübte Reiter auf einen Ausflug und Neulinge zum Lernen auf den Reitplatz. Nicht die einzige Attraktion.

Zweitgrößter Weinberg Polens

Dort, wo die Anlage bald an ihre Grenzen trifft und beginnt, in die Einsamkeit der wald- und wasserreichen Natur des Lebuser Landes abzutauchen, stehen die schlosseigenen Rebstöcke auf einem sieben Hektar großen Weinberg, dem zweitgrößten Polens, Spalier. Pinot noir und Pinot gris, Chardonnay und Riesling gedeihen auf der zarten Rundung eines Hangs, zu dessen Füßen sich zwischen Baum und Schilf die stillen Ufer des Mehrenthiner Sees erstrecken. Bei diesem friedvollen Anblick kommt Lust auf eine Wander- oder Fahrradtour in die herrliche Umgebung auf. Vielleicht ja in die atemberaubende Wildnis des nahen Drage-Nationalparks (Drawieński Park Narodowy). Doch vorher ruft im

Kellergewölbe des Schlosses noch das Restaurant zu einer kulinarischen Sitzung – bei einem Glas hauseigenen Weins zu gefüllten Piroggen oder Sauermehlsuppe, gegrilltem Lammfleisch oder gebratener Dorade aus der altpolnischen und europäischen Küche.

Sabine Mattern

SCHLOSS MEHRENTHIN

Unterkunft

Schloss Mehrenthin (Pałac Mierzęcin) ●
Mierzęcin 1
66–520 Dobiegniew
Tel. 0048/95/713 15 00
www.palacmierzecin.pl
DZ/F ab rund 75 Euro
Arrangements Fitnessangebot „Gesundheitslauf“: 2 Ü/F, zwei Massagen, zwei Cardio-Trainings für rund 128 Euro p. P.; romantisches Arrangement „Halt die Liebe fest“: 2 Ü/F, Abendessen mit Aphrodisiakum, Ganzkörpermassage, Flasche Sekt für rund 222 Euro pro Paar

Anreise

B1 bis Küstrin (Kostrzyn), B132 bis Landsberg an der Warthe (Gorzów Wielkopolski), B22 bis Woldenberg (Dobiegniew), B161 bis Mehrenthin (Mierzęcin). Mit der Bahn über Posen (Poznań) nach Woldenberg (Dobiegniew). Weiter per Taxi (6 Kilometer).

Auskunft

Polnisches Fremdenverkehrsamt, Berlin
Tel. 030/210 09 20, www.polen.travel

Stettin, Touristinformationszentrum
70–206 Szczecin, al. Niepodległości 1a
Tel. 0048/91/434 04 40
www.szczecin.eu

Besichtigen

Woldenberg (Dobiegniew)
Stadtamt in Dobiegniew
Ul. Dembowskiego 2
66–520 Dobiegniew
Tel. 0048/95/761 10 01
www.pojezierza.com.pl/index.php/de/lubuskie/Dobiegniew.html

Stargard (Stargard Szczeciński)
www.stargard.pl

Register A–Z

Impressum

Herausgeber Berliner Morgenpost, Carsten Erdmann (Chefredakteur)

Autoren Karoline Beyer, Eberhard von Elterlein, Michael Hegenauer, Annekatrin Looß, Marko Martin, Sabine Mattern, Katja Mitic, Rainer Müller, Anja Reinbothe, Rita Schulze, Nicole Steiner, Mathias Stengel, Reinhard Wengierek
Projektleitung Viviana Plasil
Redaktion Eberhard von Elterlein
Produktmanagement Katrin Luther
Koordination Nadezhda Rusanova
Korrektorat Andrea Wolf

Gestaltung formlabor, Hamburg
Titelabbildungen istockphoto.com/eva serrabassa, S-E-R-G-O, okeyphotos, Steve Snyder
Bildnachweis Conthur GmbH 238, cydonna/photocase.com 254, Reto Klar 4, steffne/photocase.com 6–7, Wikimedia Commons/Klugschnacker 218
Wir danken allen Hotels für die zur Verfügungstellung von Bild- und Informationsmaterial.
Karten Babette Ackermann-Reiche, Carina Passlack
Herstellung Olaf Hopf

Printed in Germany

1. Auflage 2011

www.morgenpost.de

ISBN 978-3-942481 06-9